思考クリアリング

なりたい自分に
一瞬で変わる

ライフコーチ
石井 光枝
Mitsue Ishii

Mind Clearing

Prologue

科学的な「さとり」で、幸せな人生に変わる！

突然ですが、あなたは今「幸せ」ですか？

今夜ベッドに入ったときに、心から「ああ、今日もいい一日だった。明日も楽しみだー」と感じながら眠ることはできそうですか？

「うーん、不幸ではないのかもしれないけど、幸せかと聞かれると……」という思いがあったり、幸せどころか、言葉にしがたい不安や焦りを感じる日もあったりするのではないでしょうか。

健康だし、仕事もあるし、友だちもいる……。でも何かが欠けているような感じがして、心にぽっかりと空いた穴へ自分も吸い込まれていきそうになる。

そんな状況に対し、「もしかして、私がわがままなのかな？」なんて自分を責めたりしてしまうくらいなら、もうその心の荷物はスパッと降ろしてしまいましょう！

この本では、誰でもそんな迷宮から抜け出すことができる、確かな方法をお伝えいたします。それは言わば**実践的で、体験型の「さとり」**です。

私は普段ワークショップやセミナーで、心理学と脳科学から作られたＮＬＰ（Neuro Linguistic Programming ＝神経言語プログラミング）、さらに量子力学を駆使し、システム化した「さとり」を皆さんにお伝えしています。

それは、**自分の思考がこの世界をどう見ていたのかに気づき、自覚した上で思考をクリアにする。さらに、肉体の感覚を研ぎ澄ませ、感情という本当の自分からのサインを受け取りやすくする**ものです。

すると、誰かのせいではなく、自分の選択で**自由な生き方を取り戻せる**ようになります。

実際、「今までいろいろためしたけれどどうまくいかなかった」「意識が変わらなかった」と感じていた人でも、私のワークショップでこの本と同じ内容を実践した後は、**「今までどうして変わらなかったのか、その理屈がわかった」**とおっしゃるのです。

実はこれは、深くこの世界を見つめてこられた聖者や僧侶、立派な心理学者などが至る境地の入り口です。今は科学や研究が進んだことにより、彼らの境地が一体いかなるものなのか、を分析することができるようになってきました。

この本にはそのエッセンスを惜しみなく入れています。

人生というのは波のようなもので、ラッキーなことが続いて、思いがけずうまくいくときもあれば、アクシデントに見舞われ、何をやってもうまくいかないときもあるものです。

そのアップダウンの振り幅が、人によって違うだけのこと。それぞれの人生は、結局バランスが取れているものなのです。だから、**あなたが思考と肉体と感情の関係性を知り、すべてを整えて行動すれば、人生は一瞬で好転します。**

私はこれまでたくさんの成長のプロセスに寄り添い、それぞれの人生のステージがステップアップするのを見届けてきました。

これは『思考の癖を解放していこう』という、私のマーケティングセミナーを受講された起業家の男性のエピソードです。

起業した当初は業績も好調でしたが、次第に何をやってもうまくいかなくなっていきました。いろいろなセミナーでビジネスのハウツーを学び実践しても、一向に泥沼から抜け出せない状態。自信をなくし、「仕事が向いていないのか」と悩む日々でした。

そんな毎日を変えたくて石井さんの講座に参加しました。そこで自分がいかに「思考」というフィルターをとおして世界を見ていたか、ということを知りました。そして、その思考を変える方法を習得できたのです。

自分でも地道に思考のゴミを撤収していくプロセスを続けていったところ、仕事でハードルが出てきてもあきらめることもなくなり、それどころかいつも飛び越えていけるようになりました。

そのうちに、ビジネスの師匠から「どうしてそんなにアイディアが湧くのか」と感心されたり、クライアントから新たなプロジェクトのプロデュースを任されたりするようになりました。仕事の質も上がったことでクライアントの役に立てるようになり、感謝の言葉もいただけるまでになりました。そして、気がついたときには、泥沼状態のときとくらべ、収益は5倍になっていたのです。

人生の土台がしっかりしてきたのだと感じます。もし、多少土台から外れ、悩む日があったとしても、自分を土台に戻す方法を知ることができました。

本当に人生が180度変わりました。今はとても幸せです。

（A・Mさん／30代男性）

その後も彼は多くの人から継続的にセッションを求められるようになり、収益も上がり続けています。

彼は仕事を通じて気づくことになりましたが、どんなことでも「大変だったけれど、本当にやって良かった」という思いを体験すると、多少外部からの影響を受けても、一度体験した喜びの感覚にすぐ立ち戻れます。

頭で考えてお金を稼がなきゃということではなく、**自分が本当にやりたいことで誰かを助けたい、人を幸せにしてあげたい、あるいは自分が喜びを感じたいという思いで行動していくこと**。それが**自立した生き方**です。

「今日もいい日だった」という思いは、そうした生き方からしか生まれません。

そんな生き方をしていると、必要なことを引き寄せるのはあたりまえになるし、直観を働かせることも簡単です。

現在、岐路に立たされていて、「生きること」への答えを模索している方もいるかもしれません。

２０２０年、世界中を混乱させた新型コロナウイルスは、強制的なリセットの機会でした。「ウィズ・コロナ」というキーワードも生まれ、もう以前のような状況では生きられないこと、これまでのあり方、ものの見方、考え方ではいられません。

今までが「物質的欲求を満たしてきた社会」と表現すると、これからは「精神性高く生きる社会」です。

私は８年ほど前から、いずれ大変革期が来ると確信し、生き方を見直す必要があると発信してきました。けれどもその当時は、私の言うことを理解し、時代の変化をリアルにイメージできる方はほとんどいませんでした。

ですが、現在はこれまでよりも、「自由に生きたい」「自分の使命をまっとうしたい」そうした本当の幸せを実感していこうとする人が増えていると感じます。

ただし、目醒めかけているものの、使命がいかなるものか、を頭で考えてしまって、方向性がまったく見えないという人も多いのが現状です。

頭でっかちになると、もう羽が生えているのに、地面をいかに早く走るか、という方法を探ってしまいます。あなたにそんな走るためのハウツーはもういりません。

もともと自分が本当に幸せになる方法は、すべての人がすでに知っています。あなたは今までの人生で、すでにそれに何らかの形で携わってきているはずです。

それに気づきはじめると、**本当の自分の願いを生きるための環境も人も物も何もかも、あなたが必要とするものが目の前にどんどん届けられてきます。**

成長するために次に何をすればいいのかも、はっきりわかるようになります。


この本では、あなたの思考が人生にどんな影響を与えているのかを知ることからはじまり、思考と肉体と感情をつなぐパイプのつまりを取り、気づきをもたらすさまざまなセルフワークをご紹介します。

セルフワークには**音声ガイド**がついているものもあり、それぞれのページにあるQRコードをスマートフォンで読み取っていただければ、いつでもどこでも音声ガイドを使いながら好きなセルフワークを実践することが可能です。

この本を読み終えるころには、あなたは新しい現実の見方を獲得し、その視点で日常を生きはじめることでしょう。

それは、ワクワクとして喜びにあふれ、本当の意味で幸せな人生です。ぜひそれを体験してください。

なりたい自分に一瞬で変わる
思考クリアリング／Contents

Chapter 2

自分らしく生きるために知る「この世界のしくみ」

Chapter 3

「さとり」のセルフワークで人生が変わる

Self work 1　「思考」の枠を外していく　92

Self work 2　「肉体」の感覚が研ぎ澄まされていく　108

Self work 3　今抱いている「感情」を感じやすくなる　118

Chapter 4

この世界はあなたが自由に「設定」していい

Epilogue

Chapter 1

人生をコントロールしている「思考の癖」

「学ぶな！　動け」からはじまる本当の学び

あなたは、なぜこの本を手に取りましたか？

心のどこかで、自分は願ったとおりの人生を歩んでいないような、そんな気がしているからなのではないでしょうか。


「私の人生、こんなはずじゃなかった……」

「今よりもっと自由に豊かに生きるには、どうしたらいいの？」


今よりもっと輝きたいと思い、人生をなんとかしたくて情報を探しているうちに、ひょんなことでこの本と出会ってくださったのかもしれませんね。

このような願いを持つ人の多くは、

「何のために生まれてきたかわからない」

「自分の使命がわからない」

「正しい生き方がわからない」

といった悩みを抱えていらっしゃいます。

私はライフコーチとして、これまで1000人以上の方からのお話を伺ってきました。彼らのほとんどが、生活や仕事、さらに人生を変えたいといった、何らかの願いを抱いていて、私の仕事は心理学や脳科学を駆使して、みなさんが願いを実現させていくのをお手伝いすることです。

多くの人が自分らしい生き方を見つけ、人生を豊かなものへと変えていく姿をこの目で見てきました。

そんな姿を見ていて、変われた人にはある共通点があることに気がつきました。それは、**受け身の学びをやめた**、ということでした。

数多くのワークショップやセミナーを開催してきましたが、悩みを抱える人の多くが、「ライフカウンセラーやライフコーチに聞けば答えを教えてくれるはず」と期待していらっしゃいます。でも、それは大きな勘違い！

なぜなら、どうやって生きていきたいかは、当然一人ひとり違うものだからです。

今ははっきりとわからなくても、答えは自分の内側にかならずあります。

それは自分で引き出せなければ意味がありません。ライフコーチがお手伝いできることは答えを教えることではなく、答えの存在に気づくきっかけを一緒に見つけるだけです。

ところが、ワークショップやセミナーに参加する方の多くは、まるで学校の授業を受ける姿勢と同じように、指導者が話すことをノートに書きとめ、記憶しようと努力します。それまでの経験から、そうすることこそ学びである、と思い込まされてきたからです。そのような受け身の学び方しか教わってこなかったので仕方ありません。

ですが、そのような受け身の学びでは、人生を変えることはできません。

私の学びの定義は、**得た知識を日常で活用できるようになること**です。席に座ってメモを取り、満足して終わることではありません。

だから、この本にあることを、教科書のように覚える必要はありません。

「誰が言っていたのか忘れちゃったけれど、自分の意思で毎日やってみたら、実際に人生が変わって楽しくなった！」という実感を持っていただくことがもっとも大切です。

自分の人生は、自分しか変えることができない。そんなあたりまえなことも忘れてしまっているのが現代人なのです。

人は「この人生でこれをやろう」と決めた目的を思い出し、そのためにこの人生を使えるようになれば、もう何の迷いもなくなります。

すべては自分次第でどうにでも変えることができるのが、この世界のおもしろいところ。本書はそれを実感していただくことを目的としています。

人生は思考の癖により成り立っている

多くの人が「幸せになりたい」と口にします。自分は「幸せを実感できない、自分は幸せじゃない」と思っているから、その言葉が出るわけですよね。

何かを得たら幸せ、あるいは特別な状態になったら幸せ、すばらしい出来事が起こって、今とは違う状況になったら幸せ……。そんなふうに思い込んでいるところがあるのです。それは真実なのでしょうか？

ちょっと考えてみてください。

「幸せになりたい」というのは、おかしな表現だということに気づきませんか？
本当は今この瞬間、私たちは自分で「幸せだ」と感じればいいのです。

他の誰かと比べるものでもなければ、幸せの基準というものがあるわけでもありません。自分が幸せだと思えば、幸せなのです。極端な話、自分が決めれば、どこまでも限りなく幸せになっていいはず。

たとえば私の場合、紅茶を飲みながら人とおしゃべりしているとき、ホッとして幸せを感じます。好きなものを食べているときも、「おいしいなぁ。幸せだなぁ」としみじみ思います。

「あぁ幸せ〜」と思うとたちまち頬が緩んで、ニヤニヤしてきてしまいます。全身が心地良くなり、内側にあたたかな感覚、なんとも言えない安心感が広がるのです。

こんなふうに何気ない幸せを体感し、それをさらに喜べると、日々幸せが積み重なっていきます。自分は本当に世界一の幸せ者だ、と本気で思えてくるのです。

ところが、自分は幸せな人生を歩んでいると思えない人は、「○○がないから自分は幸せじゃない」「○○ができていないから幸せじゃない」と、自分で設定をしているのです。それはただの思い込み、「**思考の癖**」です。

思考の癖とは、「こういうものだ」という自分の中の思い込みのこと。

すべてがそこを出発点として、同じパターンの中で生きているのが人間です。

でも、そうとは気づかず、無意識に自分が設定している幸せの定義に縛られて、結果的に不幸せな思考を選んでしまっている人がいます。

知らないうちに「幸せのレベル」を設定していて、そこに到達していないと、日々、人生をジャッジしてしまう。それでは、紅茶を飲んで和むことや、食べたものを心からおいしいと実感することもなかなかできないかもしれません。

幸せの感じ方、幸せのレベルは、あなたが自分で決めていいのです。単純な話、思考パターンを変えればいいのです。

ためしに、紅茶でもコーヒーでもお酒でも、好きなものを飲みながら、それをよく味わってみてください。おいしいと感じたら「**ああ、幸せだなぁ」と声に出してみてください**。意識的に幸せを感じてみることです。

内側にどんな感覚が広がりますか？

「幸せを感じられない、よくわからない」という人が多いのですが、その理由は、**やりたいことではなく、正解を求めて生きているから**です。

私たちは子どものころから、正解を求める教育を受けてきました。「何が正解かを答えなさい」と言われてきたので、つねに正しい答えを探す脳の使い方があたりまえになっています。

やりたいことを実現する生き方ではなく、正解を生きようとしているのです。これが無意識で行われているから厄介なのですね。

そうした思考の癖をクリアにすると、自らを縛っていたロープが消えて、驚くほど自由になれます。

どんな人生にするか、自分で決めていい

人は生まれる前に、「この人生を使ってやりたいこと」を決めて、今ここに存在しています。それはいわゆる、魂の目的とも言えるものです。

その目的を達成するために必要な役割も、生まれる前に決めてきています。

人生をゲームにたとえるなら、「農家」という役割を選んでゲームに参加している人がいる。「弁護士」という役割を選んできた人。「主婦」という役割を選んできた人、みんなそれぞれ何かしらの役割を抱えたプレーヤーなのです。

そしてその役割をとおして、魂の目的を達成しようとしています。

「まさか！　私がこんなひどい人生を、自ら思い描くわけがない」

「自分でわざわざ不幸を望んでいる人なんているの？」

そう言いたくなる方も、いらっしゃるかもしれません。つらい体験を自分から選ぶはずはない、と。

それにもちゃんと理由があります。

テレビゲームには設定画面上で「イージーモード（簡単）」で進行させるのか、「ハードモード（厳しい・むずかしい）」で進行させるのかを、自由に選択できるものがありますね。

人生もまさにこのテレビゲームと同じ。今ここに存在するプレーヤーが、何かつらい日々を送っているなら、それは**今の人生を「ハードモード」でこなしていこうと決めているの**が原因です。

でもこれも、思考の癖をクリアにすれば、自分で自由に変更できるんですけどね。

私は個人的にイージーモード推奨派です（笑）。

だって、魂の目的はひとつで、それを達成させるためだけに、ハードモードで苦しむことないじゃないですか。

かくいう私も、今は初対面の方から、パワフルでエネルギッシュ、前向きで明るいといった印象を持たれることが多いのですが、ずっとそうだったわけではありません。

今から約15年前の私は、幸せを感じるどころか、**命を絶つことしか考えられない自殺志願者**で、来る日も来る日も、本気で死ぬことを考え、真っ暗闇の中をさまよっていたのです。身も心も病んでいて、数年間、どん底を味わいました。

思い返すと、あの数年間が私のハードモード時代。

あることをきっかけに思考の癖が取れ、思考がクリアになって、ハードモードの選択をやめることができたのです。

もし誰かがハードモードばかり選んでいるとしたら、おそらくその原因は思考の癖によるもの。「こうでなければいけない」「これが正しい」と勝手に思い込んでしまっているのかもしれません。

誰だって、たった一度の人生、ハードモードで終わらせたくないでしょう。

思考をクリアにしていけば、イージーモードへ簡単に変えることができるようになるから安心してくださいね。

自分の内側からのサインを見つめる

思考の癖が取れてクリアになると、自分の特徴が見えてきます。どんな特徴を生かしてこの世界で魂の目的を成し遂げようとしているのかがわかると、すべての行動がスッキリしていきます。

たとえば、身近にとてもきれいな人がいるとします。

彼女に対し、「あの人きれいね、見ているといい気分になるわ〜」くらいで終わる人もいれば、「あの人きれいだから得しているよねー」と嫉妬する人もいます。

ここで重要なのは、嫉妬心を悪く考えることではなく、なぜ嫉妬しているのかに気づくことです。

嫉妬するということは、人生でやりたいことを成し遂げるのに、それが自分に必要な要素だと感じているからなのかもしれません。だから潜在的にそれを「得たい」と感じている。本当の自分からのサインなのかもしれないのです。

昨今、ポジティブ思考が流行したことで、「嫉妬心を抱くことはダメなことだ」とか言われてきましたが、感情はそもそもそういうものではありません。**いい悪いはなく、ただ自分の内側が、本当の思いを教えようとしているサイン**というだけなのです。

嫉妬したときに、「あの人は芸能人だから」「お金持ちだから」「私には時間がないから」と外側に理由を作り出してしまったら、その思考をいったん横に置いてみましょう。

「嫉妬しているくらいなら、私もあの人みたいにきれいになろう」と思えれば、人生変われるのではないでしょうか。

同じような服を買ってみたり、髪型を真似したって誰にも責める権利はないでしょう。それでいいんです。誰のものでもない自分の人生なんだから。

他人にとっての正解を生きようとすると、絶対に幸せにはなれません。

だから、感情のサインをもっと上手に受け取ってもらいたいと思います。

感情については、第2章でもくわしくご説明いたします。

思考をコントロールできるようになる

「人は何でもやろうと思ったことは実現できる。

やりたいことは精一杯やれ。

もしできなかったとしたら、それは途中であきらめたからだ」


これは私の父が、いつも口にしていた言葉です。

父は大工でした。16歳のときに、秋田から集団就職で都会に放り出され、かなり苦労したようです。大工の親方について仕事のやり方や技術を盗み、コツコツと努力を重ね、独り立ちして自分で工務店を開いたのです。

自力で人生を切り開いてきた自負があり、「やれば何でもできる」という価値観が基本になっている人でした。そんな父ですから、私のことも「何でもできる」と当然のように思っていたのです。

父の思考パターンや価値観は、当然私の無意識に確実に作用していました。その影響で私自身も「やろうと思ったことは何でもできる」というふうに信じていました。

この思考の癖は、これまで私が、本当にやりたいことを成し遂げてこられた要因のひとつになっているはずです。

ですが、同時にこの思考の癖のおかげで、私は人に頼ることをとても苦手としています。苦手というかそういう発想にいたらない、というほうが正しい表現かもしれません。ひとりで考え、壁にぶち当たってもそれを他人に相談することをしませんでした。

もしかすると、この思考の癖のおかげで、15年前に自殺を回避し、自力でここまでやってこられたのかもしれません。

一方で、この思考の癖が取れていれば、他人と協力し、もっと会社を大きくできたのかもしれない。

つまり、**成功できた理由が、それ以上先に成長できないブロックにもなっていたと**言えるのです。

このことからわかるように、**思考の癖自体をいい悪いで判断することはできない**、ということです。その思考がプラスに働く場合もあればマイナスに働く場合もあり、人生のステージによっても影響が変わってくるわけです。

よく、「どんな思考が、いい思考なんですか？」という質問を受けますが、そうではありません。**今、あなたに必要な思考なのかどうか**、ということが一番重要なことなのです。

だから、**思考の癖をクリアにするとは、消し去ることではなく、思考を自由自在にコントロールすること**だと認識していてください。

通常思考に流されて生きているところを、自分が意識的に自分の思考を選び、コントロールできるようになると、今までとは体験する世界がガラリと違ってきます。

「本当の自由」とは厳しいもの

私は今でこそ「笑顔＝スマイル」をモットーに掲げていますが、先ほどからお伝えしているように、15年前は自殺を考えるほど精神を病んでいました。夫をはじめとした家族との歯車がかみ合わなくなり、望んでいないのにつらい現実しか起こらず、何をどうしたらこの地獄から抜け出せるのか、まったくわからなくなっていました。

毎日、昼夜問わず働きづくめで、精神的にも肉体的にもとっくに限界を超え、いつ倒れてもおかしくない状態だったと思います。それに加えて心配事のために不眠症になり、3日で2時間しか眠れなくなってしまったのです。

見るに見かねた友人が、私を強引に病院へ連れて行ってくれました。車を降りてから病院の建物に入るまでの地面が、波打って見えたのをはっきり覚えています。

何ヶ月も病院に通い、いろいろな検査をしました。そして、ようやく医師から診断されたのが、自律神経失調症でした。ストレスにより自律神経が正しく機能しておらず、心身がアンバランスな状態でした。当時をふり返ると、いまだに胸が苦しくなります。

それまでの私は、比較的おおらかで、人への思いやりも大切にしていました。

そんな私が義理の親に対して、感情を荒げてひどい暴言を吐くようになってしまったのです。自分の言動にショックを受け、私は「悪魔に体を乗っ取られたに違いない」と思いました。

人生のコントロール権を失い、「私は私ではなくなった。私は鬼になったのだ」と本気で思いました。そう受け止めるしか、自分の状況を処理しきれませんでした。

そのうち「自分は生きている価値がない。どうやって死のうか」と来る日も来る日も考えるようになってしまったのです。

毎日、死にたい、死にたいと、もがき苦しんで、とうとうある日のこと、それまでかろうじてつながっていた理性の糸がプツンと切れてしまいました。

私は衝動的に包丁を取り出すと、自分の首もとに刃先を向けながら、「死んでやるっ!!」と叫びました。

その尋常ではない様子に驚いた息子が、私に向かって泣きながらこう言ったのです。

「ママ、死なないで！」

大きな声で泣き叫び、目で訴えてきました。息子は必死に私を止めようとしたのです。すぐ横で、娘もわんわん泣いていました。

そのとき息子は7歳、娘は5歳でした。

2人のくしゃくしゃな泣き顔を見て、ハッと我に返りました。

この子たちは私に、生きていてほしいと言っている。こんなどうしようもない母親でもいいと、求めてくれている。こんな自分でも生きていていいのかもしれない……。


そう思わせてくれた息子の一言で、ようやく目が醒めました。

「この子たちのために生きよう!」

そう前向きな気持ちを持てたのです。


人間、決めると早いもので、私はまず家を出るために動きはじめました。

住む部屋を探して契約、引越しの荷物をまとめるなど、着々と進めていきました。

どうにも身動きが取れなかったのに、自分が決意して向かうべき方向が定まると、必要なものが集まってきて一気に現実が動くことを実感しました。

家を出るにあたり、子どもたちにはこう説明しました。

「ママは生きると決めたよ。でも、この家にいたら今までと同じで、生きられないかもしれない。だからここを出て行こうと思う」

子どもたちが「一緒に行く」と言ってくれて、親子3人の暮らしがはじまります。

私は、家を出さえすればなんとかなる、と思っていました。ところが、現実はそんなに生易《なまやさ》しいものではありませんでした。

家を出たからと言って自律神経失調症によるうつ状態がすぐに良くなるわけもなく、「生きる」と決めたにもかかわらず、しばらくすると「やっぱりダメだ、死にたい」という気持ちに襲われてしまうのです。

「生きる」と「死ぬ」の思いを、日々行ったり来たり……。そんな自分を「どうしてまた死にたくなるの。私はなんてダメ人間なんだろう」と責め立て、ますます自己嫌悪感を強めていきました。

極端な話、夫や義理の親と同居をして、死ぬことだけを考えていた時期のほうが楽でした。

なぜなら、**それまでは「不幸なのはすべてまわりのせい」と信じることができていたから**です。

家族と価値観が違うから。運が悪いから。病気だから。鬼になってしまったから……。このように、うまくいかない理由を外側に作っていれば済んでいたわけです。

ところが、自分の力で生きようと決めると、誰かのせい、何かのせいにすることができません。

すべての苦しみの原因は、自分自身の中にあることに直面し、それまで以上に大きな苦しみが襲いかかってくるのです。どこにも逃げ場がないのです。

自分で自分を責め続けているこの時期が、本当につらかったです。

客観的に見ると思考の癖に気づく

自律神経を患っていた数年間は、日々現れる症状に波があり、ずっと悩まされ続けていました。ひどいときは、立ち上がるとふらつくので、座っているか横になって一日の大半を過ごしている状態でした。

子どもたちのために食事を作ってあげよう、と思うのですが、体が言うことを聞かず、どうしても起き上がることができないのです。

子どもたちは自分で用意した食事を食べて、学校へ出かけて行きました。私は寝床から「行ってらっしゃい」と見送るのが精一杯。そんな状況がたびたびありました。

一日中横になりながら、湧き上がってくる「死にたい」という感情を見つめる。そんな日々の中で、あるときふっと自分の頭の中で声が聞こえた気がしました。

――「死にたい」って思うこと、ただの癖じゃない？

それは、自分を俯瞰《ふかん》しているもうひとりの自分から、言葉を投げかけられている感じでした。

「えっ？　癖？　何のこと？」

突然の声に驚きましたが、「死にたいと思うのは思考の癖なんじゃないのか」ということだと、すぐに気づきました。

なるほど、**爪を噛む癖が直せるように、死にたくなるのが思考の癖なら、自分で直せるかもしれない**と思ったのです。

癖を直すには、自分の思考パターンに気づく必要があります。それで、自分がどういうときに死にたいと思うのか、思考の観察をはじめました。

・どんなときにそう思うのか

・直前に何が起こったのか

客観的な視点を持って自分の思考を見るようにしました。

すると自分のパターンがわかってきたのです。

なぜこういう状況で死にたくなるのか、なぜこの言葉で死にたくなるのか、細かく見ていくと、**すべては過去の出来事につなげて、自動反応しているだけだ**ということが判明しました。自分が持つ思考の癖が、自分を苦しめていただけなのです。

死にたいと思うのは、今、目の前にあることとはまったく関係がない。そう気づくたびに、思考を切り替えるようにしました。それをくり返すことで、固定化された思考パターンを切り離せるようになっていきました。

自分を苦しめていた思考の癖を外していくうちに、気持ちが前向きになり、意識が変化していくのが感じられたのです。

私が自己流でやっていたこの思考を観察する方法を、後に「**内観瞑想**《ないかんめいそう》」として多くの方にご紹介すると、非常に効果のある気づきの方法だとわかりました。内観瞑想は、第3章でセルフワークとしてくわしくご紹介します。

思考の切り換えができるようになると、次第に死にたい気持ちが薄れ、心と体が元気になっていくのが感じられました。そうやって私は少しずつ自分自身を取り戻していったのです。

まずは自分で自分を笑顔にできるか

思考の癖に気づきはじめたころ、人生が変わるきっかけとなる出来事が起こります。

その日、小学3年生だった息子が、学校から帰ってきて、体調が悪くて寝ている私の枕元に座り、その日あった出来事を話してくれました。

私は、布団の中でウンウンとうなずきながら、息子の話に耳を傾けていました。ところが、その後の息子の言動が私に衝撃を与えました。

息子はすくっと立ち上がると、部屋の真ん中へ走って行って、こう叫んだのです。

「やった～！　ママが笑った！　ママがだんだん元気になってきた！　やった、やった～！」

それはうれしそうに、何度も飛び上がって喜ぶ息子を見て、何が起こったのかとびっくりしました。

どうやら息子の話を聞きながら、私は一瞬ほほ笑んだようなのです。そのわずかなほほ笑みを息子は見逃さず、これほどまでに喜びを表現してくれたのです。

その瞬間、私は悟りました。

それまでの私は、子どもを笑顔にするために努力してきました。母親としてできることをいろいろ尽くしてきたつもりが、がんばり過ぎて結果的に心身を壊してしまったのでしょう。何もしてあげられない自分が情けなくて、ずっと責めていました。

でもそれは違ったのです。

「私は間違っていた。何もしなくても、ただ私が笑っているだけで、子どもはこんなに喜んでくれる。子どもを笑顔にするには、私が笑顔でいればいいだけだった。幸せはこんなにシンプルなことだったんだ」

それは私の人生において、もっとも大きな気づきでした。この出来事を機に、『笑顔』が私のテーマになったのです。

「**まず自分で自分を笑顔にしよう**」と心に誓いました。

少しずつ前向きな意識に変わった私は、次第に体調が良くなっていきました。普通に動けるようになると、子どもの学校のＰＴＡ関係、息子と娘の少年野球の練習など、母親として顔を出せる機会も少しずつ増えていったのです。

もともと人と関わるのが好きなタイプでしたから、他のお母さんたちと交流するのは楽しいし、エネルギーが湧いて元気になれました。

あるとき、娘がこんなことを言ってくれました。

「ママが来ると、他のママたちがみんな笑顔になるんだよ」

子どもは大人をよく見ているなぁ、と感心しました。

娘の言葉で、もうひとつ印象的だったことがあります。

私はＰＴＡの役員をやっていたのですが、あるとき、懇親会のお誘いがきました。参加費は５０００円。その当時、私はまだまともに働ける状態ではなく、母子家庭手当をいただいて暮らしている状況で、家計はいつも火の車。食べるものにも困窮していました。懇親会に５０００円も払える余裕などなく、参加するつもりはありませんでした。

ところが娘は、どこからか懇親会があることを聞きつけて、「今日、ママたち、集まるんでしょ。行っておいでよ」と言うのです。

「えっ、だって参加費が５０００円もかかるんだよ？　その分のお金がなくなったら、あなたたちの夕飯のおかずが減っちゃうよ」と、私は正直に伝えました。

「それでもいいから、ママ行ってきて！」

娘がどうしても行くように勧めるので、その理由を聞いてみました。

「だって、ママが行くと、みんな楽しいし、笑顔になるから」

娘は知っていたのです。私の人生の役割が人を笑顔にすることであると。私がこのような仕事に就くずっと前から、その役割に直観的に気づいていたのだと感じます。

娘の純粋な思いに感動しました。その言葉は、後々どれほど私を励ましてくれたことでしょう。今も思い出すだけで、涙が溢れそうになります。

このときは、娘に背中を押され、お金を何とか工面して懇親会に参加しました。

笑顔で生きはじめたことで起こった引き寄せ

自分でこうすると決めると、現実が動きはじめます。

「私がまず笑顔で生きること。私が笑顔でいたらまわりの人たちも笑顔になる」ということを、現実で体験するようになっていったのです。自分で設定したとおりの役割が動きはじめた証拠です。


子ども2人を育てながら生きるには、お金が必要です。健康をだいぶ取り戻してきた私は、体に無理のない範囲で働きはじめました。飲食チェーン店のパート勤務です。子どもから『笑顔』のテーマを教えられ、働くときもそれを心がけていました。

仕事終わりに疲れた顔でご飯を食べに来るビジネスパーソンたちが、帰りは笑顔になって「ごちそうさま」と言って出ていく。それを見ていると「接客業っていいなぁ」と感じました。

そのとき、気づいたのです。

「仕事は何でもいいんだ。生きてさえいれば、私は人を笑顔にするという使命を果たせるのだ」と。

自分が置かれた環境で、精一杯、役割を果たすことに取り組んでいると、かならずそこで学びがあります。

課題をクリアすると次の課題が現れ、それをクリアするとまた次の課題が、というように、ステップアップするための課題は目の前に次々と運ばれてきます。

魂の目的を果たすため、使命にたどり着くためのプロセスとして、さまざまな経験が与えられるのです。

それを無視しないことで、人生が変わっていきます。

私の場合、目の前の物事や人に精一杯向き合っているうちに、人から悩みを打ち明けられることが増えていきました。こちらとしては特別なことは言っていないにもかかわらず、「元気になれる」と言われることが多いのに驚いていました。

ある人から「私のお抱えカウンセラーでいてね」と言われたり、別の人からは「コーチングを習っているの？」と聞かれたりしました。

それでカウンセリングやコーチングを学び、誰に対しても再現性のある技術を習得していきました。

思えば子どものころからよく、友人から悩みを相談されたり、世話好きの性格を見込まれてリーダーの仕事を頼まれたりすることが多かったのです。その気質を活かせることもうれしかったし、人々が私の伝えた言葉で「勇気づけられた！」と笑顔になる姿を見ると喜びを感じることができました。

私の活動についての噂が人伝に広がっていき、人の話を聞くことでお金をいただくという道が開けていったのです。

これまでお話したすべての経験が、魂の目的を果たすためのステップになっていたのだと思います。人生には何ひとつとして無駄なことはないのです。

「どんな言葉を伝えたら、人が行動できるようになるか」ということが直感的にわかるというのは私の生まれ持った特技でしたが、人から次々とカウンセリングの依頼を受けるようになっていく課程であることに気がつきました。

私は相手のお話を聞いて、自分が思ったことをお伝えしていただけなのですが、返ってくる言葉が人それぞれに違ったのです。

ある人は「癒された」と言い、ある人は「元気になった」と言ってくれました。他に「パワーをもらった」「安心した」「勇気をもらった」「役に立った」「前向きになれた」など、私は同じことをしているはずが、相手は違う感想を口にするのです。

ここから気がついたことは、「人の中にはあらゆる要素がそろっていて、たとえば私とのセッションだったら、相手の人は自分が必要とするもの、欲しているものを、私の中から自由に引き出していくんだ」ということでした。

つまり、**どんな人でも、自分が求めているものを手に入れる力が備わっているということです。**

あなたは、あなたが必要としているものを手に入れる力をすでに備えています。どこからでも、誰からでもそれを得ることができるのです。その真実を知っていてほしいと思います。

使命は思い出せていないだけ

思考の癖がどのように人生を左右しているか、私のこれまでの半生を通じてお伝えさせていただきました。

自分が一番苦しい状況のとき、ただ自分と対話することしかできなかった私は、思考をクリアにする方法、コントロール法を自力で見つけました。

誰かに教わったわけでもなく、それがわかったのですが、後からこう思いました。

「これはもともと誰の中にもあるものなのだ。きっとみんなもともと知っているはずで、私はただ思い出しただけなんだ」と。

そうなのです。私が発見したというわけではなく、**すべての人の内側に最初から答えが存在している**のです。

ただ、それを認識できて、必要に応じて引き出せるかどうかの違いです。その方法を一般には教えられていないので、その能力の使い方がわからないから、引き出せないし、使えていないだけなのです。

「求めよ、さらば与えられん」とは、まさにこのことです。

私はどん底まで落ちて、死に引っ張られそうになる自分にほとほと困ったのです。どうしても救いが必要でした。どうにか自分を救い出して生き残る道を必死に探し求めたから、どこかから語りかける声をキャッチできたのです。

方法さえ知ることができれば、あなたもキャッチを体感することができるようになります。

ふり返ると、これまで体験したことのすべてが、私の宝物です。いじめられている人がいたら、その心の痛みを感じますし、自死を考えてしまう人のつらさが、手に取るようにわかります。

自分が経験したからこそ、同じ思いをしている人に寄り添うことができますし、悩んでいる方のハートを抱きしめる言葉を届けることができます。

誰かが笑顔になるために、私の経験を活かすことができるなら、こんなに幸せなことはありません。

人を笑顔にするというのが私の魂の目的です。それに気づくために、私には数年間におよぶ地獄のような経験が必要だったと理解しています。でも、他の方たちには、私のようなつらい思いをしてほしくありません。**私が経験して得たものをお教えできれば、多くの人が余計な苦労をせずに、イージーモードへと人生の軌道修正ができる**でしょう。

ぜひそのお役に立ちたいと思ったことが、私の活動の原点なのです。

私は子どものころから、漠然と自分の未来を想像することがありました。いつも見えていたのは、大勢の人の前で講演をしているビジョンでした。自分はいずれそうなるんだなぁ、ということを思っていました。

自分の未来をイメージで認識していたので、自分にとって必要な情報を集めるように、無意識が仕事をしてくれていたようです。人前で話すときの挨拶の仕方、お辞儀の仕方、人の心をつかむ話し方、ほほ笑み方、視線の向け方など、自分のセンサーに引っかかるものを、インプットし続けていたのですね。

苦しかった時期も、その未来のビジョンは変わらず私の中で輝いていて、揺らぐことは一度もありませんでした。

いつもイメージトレーニングをしていたようなものですから、実際に人前でお話しすることが現実になったときでも大して緊張もせず、練習などしなくても、当然のようにできたわけです。

ここまでの人生のターニングポイントで、思考の癖に振りまわされず、自分がいいと思った選択をして進んできたつもりです。

実は、私がいずれ自分の役割を果たすために、必要な経験を積めるよう、魂が導き続けてくれていたわけです。まさに今、かつて見た未来像の自分を生きている実感があります。

あなたの魂も、あなたの役割を示してくれているはずです。その役割をこなしていけば、気づいたときには幸せな人生の本質を理解できるようになります。つまり、悟れるということ。

ただ、本当のあなたはその役割を知っているのですが、思考の癖で気がつきにくい状態になっている可能性があります。思考の癖にコントロールされずに、自分らしく生きてみたい、と思うのであれば、ぜひ次の章へと進んでください。

次の章では、この世界のしくみ、ルールとも言えるものをお伝えいたします。

Chapter 2

自分らしく生きるために知る「この世界のしくみ」

Mind Clearing

この世界のしくみと量子力学

ここ数年、引き寄せの法則なども流行りましたが、なかなか幸せを実感できない人が多いのではないでしょうか。

なぜ、幸せになれないのか。それは、そういった**願望実現のためのお話の中から、量子力学の理論がすっぽり抜けているから**。

「願望実現に量子力学?」と不思議に思われたかもしれません。ですが、この世界のしくみを知らないと、成長できない理由も、なりたい自分になれない理由も、真の意味では理解できないのです。

これまでは、何かに取り組み成長するには、努力することが前提になっていたかと思います。練習に費やした時間とエネルギーが多いほど、成果を達成する確率が上がるという考え方です。

「努力なくして成長なし」という発想、これはまだニュートン力学などの古典力学が主に信じられていた時代の考え方です。

その後、量子力学が広く認識されるようになりました。量子力学は「人が観察したら存在する」という世界です。どういうことか簡単に説明すると、素粒子は普段は波として存在しているけど、人が観察すると粒（現実化）になるということなのです。

ですから、**自分がなりたい姿をイメージ（観察）すれば、スピーディに目標を達成（現実化）できる**というわけです。

そのしくみを理解してもらうためのプロローグとして、私はいつも「宇宙の膨張」についてのお話をします。

あなたも「宇宙が膨張している」というお話を聞いたことがあるかと思います。発見者はエドウィン・ハッブルという天文学者で、彼は宇宙の膨張率を求め１９２９年に論文にて発表しました。彼が求めた膨張率は「ハッブル定数」と呼ばれ、その後、宇宙の膨張は一般にも認知されるようになったのです。

量子力学の世界では、「人間が想像した瞬間に、それは事実になる」という法則があります。

宇宙が膨張していることを想像している科学者たちがいて、実際に巨大な天体望遠鏡を作って空を見てみると、星が少しずつ離れていく、つまり宇宙の膨張を認識することができました。

もしハッブルが計算などしていなくて、宇宙が膨張しているなんて話は誰も認知していなかったとしましょう。巨額な製作費を必要とする巨大望遠鏡など発明すらされていないのではないでしょうか。

宇宙が膨張しているのを人間が発見したのではなく、宇宙が膨張していると人間が認知したから、宇宙が膨張しているのです。

ちなみに乳児は宇宙の存在を知りません。だから、彼らの現実では宇宙は膨張していないのです。それどころか存在すらしていない。

人間が想像したその瞬間に、人間が認識しているものが現れる、これがこの世界のしくみです。

宇宙のような人間の力が到底及ばないと思われがちなものでさえ、人間の意思の投影だということがわかりますか?

人生も同じです。「〜したい」だけでは、**3次元のマクロの世界に落とし込むことはできません。「〜だ」と認識しなければ、現実になりようがない**のです。

みんな「お金持ちになりたい」と言いますが、お金がない自分のことばかり考えているから、お金持ちの自分はこの世界に存在できない。宇宙の膨張と一緒です。

願望があっても、願望を叶えている自分を描けていなければ、それは叶いません。

自分の無意識が見ている映像がどういうものであるかに気づくと、願望が叶わない理由が見えてくるかもしれません。

そうしてみていくと、実際に思っている世界が実現していることに気づくでしょう。


本当になりたい自分を想像ができない、というのは、「自分には無理」「常識的に無理」「誰かが無理と言っていた」などの思考の癖が影響しているのですね。

思考と感情をクリアにすると何でも叶うのは、量子力学的に考えると当然のこと。

願えば叶う、だけではなく、実際に思考と感情をクリアにするワークをしていくことが大事です。それで人生は瞬間的に変わります。

この世界は自分の内側にある

「自分には何かが足りない」
「満足できない」
「幸せになりたいけれど、何をどうしたらいいのかわからない」

こういったように、人生に何かが欠けていると感じると、大抵の人はそれを埋めるために自分の外側に答えを求め、手に入れようと探します。

ですが、どんなに探しても、その答えは自分の外側にはありません。すべては自分の内側にしかない。それがこの世界の真実です。

たとえば、あなたが「思いついた」「発見した」と思っていたことでも、すでに別の誰かが同じことを思いついていた、という経験はありませんか?

私も昔よくこのような経験をしました。

私が自分で考えて結論づけたことだと思っていたのに、海外の本に同じことが書かれていたり、遠い土地の会ったこともない人が、同じ内容をブログに書き込んでいたりすることが多々ありました。

身近な人であれば同じ環境で過ごしていて、同一の情報を得ているので不思議ではありません。しかし、文化も習慣も環境もまったく異なる人間同士が、なぜこうも同じことを考えているのか。

それは、**私たちが「思いついた」と認識していることが、実は「思い出した」ことであるから**なのです。

私たちは皆、意識の深いところがつながっています。

たとえるなら、粘土のかたまりのようなイメージで、そのかたまりから、ビヨーン、ビヨーンと人型の立体に飛び出したものが、私たち一人ひとりの存在です。

土台である粘土は全員が共有していて、そこは集合無意識と呼ばれています。私たちは**集合無意識で知恵、情報、叡智を共有している**わけです。

「思いついた」と感じたそのことは、自分が欲しい情報として、集合無意識から気づかないうちに抜き出してきたこと。集合無意識にある情報を意識化した、というだけなのです。

関心があったから思い出した、関心がないから思い出さない。すべてこれだけです。

だから、生きていく上で、自分に欠けているものなどないのがわかります。

「求めれば与えられる」とよく言われますが、すべては自分次第です。

どこかの知らない誰かから与えられるのではなく、すでに自分自身が知っていることなのです。関心さえあれば集合意識からどんなことでも思い出すことができます。

思い出すことも経験です。その経験値が高くなれば、どんどん上手になっていきます。本書のワークはその経験値を上げるための実践ワークです。

自分の内側から引き出してくることに慣れると、おもしろいくらいに人生がスイスイと進むことを実感されると思います。

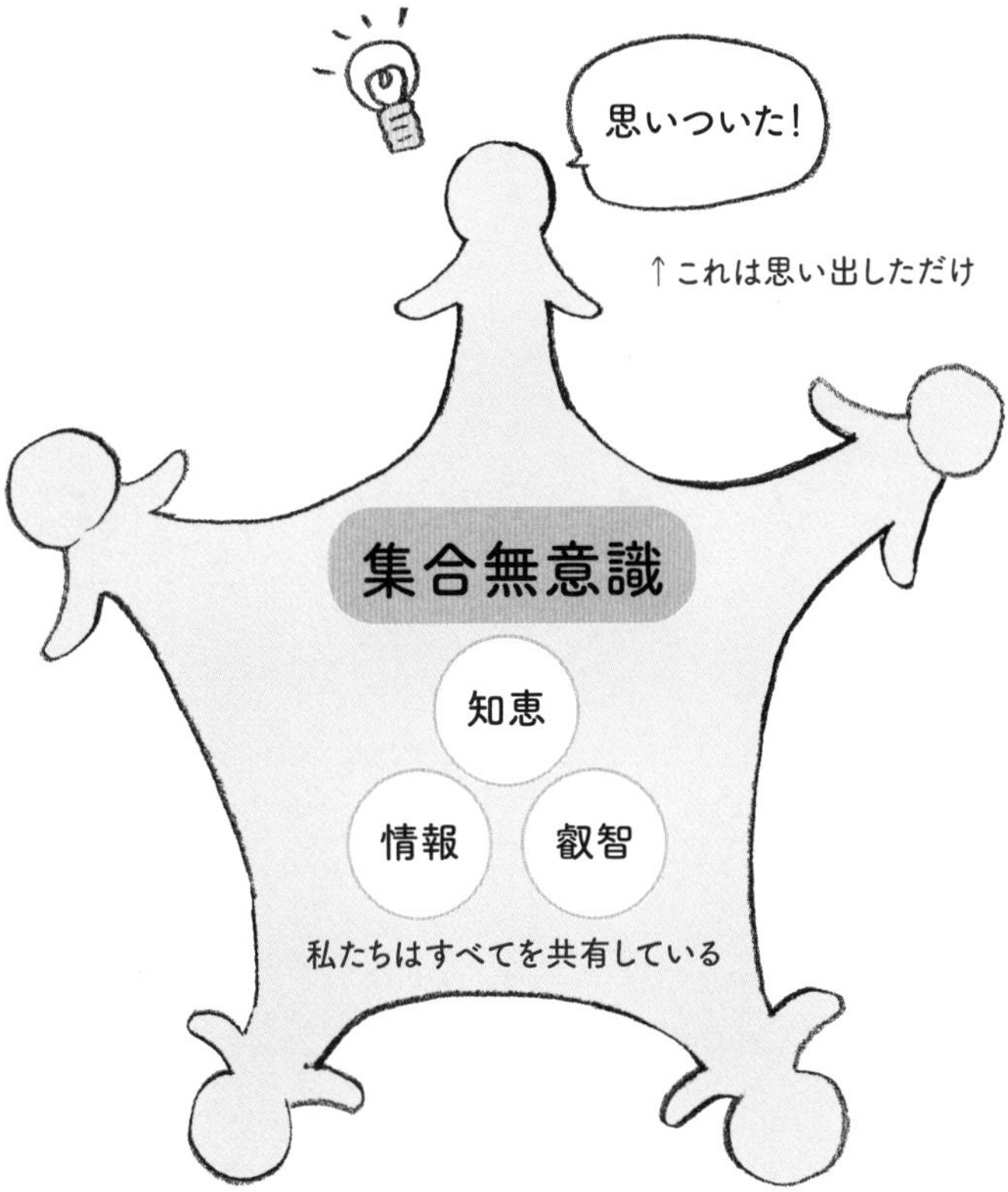
思いついた!
↑これは思い出しただけ
集合無意識
知恵
情報
叡智
私たちはすべてを共有している

「信じる」の落とし穴にははまらない

幸せを引き寄せたくて、教わったメソッドを信じてやってみたけれど何も変わらなかった、という声をよく聞きます。

「信じる」という言葉は、そうではないかもしれないという疑いがあることを前提にしている表現です。

たとえば、心臓が動いていることを、あなたは「信じている」のでしょうか？ それとも「知っている」のでしょうか？

１日が24時間だということを「信じている」のですか？「知っている」のですか？

「信じる」と「知っている」では、意識状態がまったく違います。

自分の魂の目的を生きる人は、「知っている」状態で生きている人です。

何か目の前に課題が出てきたときに、インスピレーションが働いて、どうすればいいかを即決断して行動できるのです。

たとえば、「年収1000万円を超える」と決意した人が、未来をイメージしたときに、そうなると「知っている」感覚を得ることができたなら、年収1000万円超えが現実になるのです。その既視感をサインとして、内側のセンサー（直観）に従って行動していくからです。

私が自分の中から、どう生きればいいかを思い出したように、すべての人の中に求める答えがあります。本当は思い出すだけでいいのです。

変わるために必要なものはすべて持っている

第1章で、私は死にたくなってしまう自分をどうにか救おうと、意識を切り替える方法を自ら発見したというお話をしました。

その後、「脳と心の取扱説明書」とも呼ばれるNLP（Neuro Linguistic Programming＝神経言語プログラム）を学んだところ、自分が気づいた思考の捉え方、外し方、思考や感情の役割についてなど、まったく同じことを言っていたのでとても驚きました。

NLPでは、言葉の使い方や無意識の活用法などを科学的に分析し体系化しています。対人関係、仕事、人生全般に応用可能なスキルが多数含まれているのですが、その基本の考えのひとつに、「**人はすべてのリソースを持っている**」というものがあります。

たとえば、新品のスマートフォンには最初から基本のアプリがいくつも入っています。その中には、使い方がよくわからなかったり、生活スタイルに合わなかったりして、一度も開いたことがないアプリってありますよね。

それと同じで、すべての人は自分の内側に、自分が使命を果たして、幸せに生きる上で必要なもの（特徴）がもともと備わっているのです。ただそれがあることを知らず、使えていないだけのこと。

思考の癖により、あると認識することができないのです。

私は自分でそれを体験したので、誰もが同じだという確信があります。

ある講座を受けたときの仲間とその後も一緒に活動をする中で、重要な気づきがありました。

その後の私は、学んだことを実践しうまくいって、すんなりと結果が出ましたが、仲間は、なかなか成果が出ませんでした。

本人は「教わったとおりにやっている」と言うのですが、何かが違う。その理由を考えてみました。

そこがまさに思考の癖で、本人はやっているつもりでやれていない、ということがわかったのです。

思考の癖を変えることは、簡単ではありません。私がさんざん苦しんだように、自分ではなかなか気づけないのです。

特に日本人は自分に厳しい人が多く、ある程度の結果が出ていても、「よくやった」と肯定的に自分を認められないのだと思います。**世間が「すごい」と認めるような結果でなければ成功とは言えない。そんなふうに思い込む必要はまったくありません。**

まわりからの評価を気にする思考、他人軸で生きている状態では、本当の自分につながることができません。その間違った思い込みの枠を外して、抜け出る必要があります。

本来は、一人ひとりがすばらしい存在です。見えているこの現実の世界は、自分自身が創造の源で、思いどおりになるのだということを知ってほしいのです。

フォーボディーズを整えていく

私たちの体は次のように構成され、それぞれ役割を担っています。これは、NLPの中でも同じような考え方が紹介されていて、〝フォーボディーズ〟と呼ばれています。

・魂（意思）……使命を持ち、果たすための全ての情報を持っている
・脳（思考）……使命をどう叶えるかを考え、決める
・心（感情）……使命を叶えるための燃料・センサー
・肉体（行動）……使命を実行したり、さまざまな体験をしたりする

本来、エネルギーの流れ方は、「魂（意思）→脳（思考）→心（感情）→肉体（行動）」という順番になります。

魂が「これが自分の使命、この人生で叶えたい願い」と発想し、その意思が、思考と感情を通して肉体に伝えられます。

人生をドライブにたとえると、車が「肉体」で、運転手が「魂」。目的地や行き方をナビゲートする役目が「思考」で、車を動かすための燃料や不具合等を知らせるセンサーが「感情」です。もちろん肉体の五感もセンサーの役割を担っています。

魂がハンドルを握っていて、より快適な道を思考が見つけて選択し、肉体はそのナビに従って走っているのです。

スイスイ進む高速道路だけだと飽きてくるので、アップダウンのある山道をあえて選んでみたり、美しい景色を眺められる道を選んだりするのも、思考が働いているからです。

車（肉体）の調子の良し悪しや道が合っているかどうかを教えるのは「感情」の役目で、もしエンジントラブルが生じそうなときは、何らかのサインで知らせてくれます。

このように、「魂→思考→感情→肉体」へとエネルギーが流れ、この流れがスムーズで、4つとも本来の働きができていれば、魂の目的と生き方がリンクした状態になります。

ところが残念なことに、現代人の大半はフォーボディーズがうまく機能していないのが現状です。親、学校教育、社会環境、人間関係などからさまざまな影響を受けて、**思考と感情のフィルターが目詰まりしている人ばかり**なのです。

思考の癖があって目の前の事実を正しく受け取れなかったり、感受性が鈍っていたりして、人間らしい豊かな感情表現ができない。このようにエネルギーの流れが悪いままでは、真の目的を達成することができないのです。

使命を生きるためには、日常的に自分の思考と感情をクリアにしておくことが重要なのですね。ここをまず、本来の状態に戻す必要があるのです。

その際、アプローチする順番がポイントです。

第3章からご紹介するセルフワークも、最初に思考の枠を外していきます。次に五感の感覚を取り戻すことを行い、最後に感情へアプローチします。

思考の癖もあり、肉体も敏感ではない状態で、感情にアプローチをしてももしかしたらつらいと感じるだけかもしれないですし、まず本人が腑に落ちないのです。

感情を作り出している思考の癖をクリアにし、さらに幸せを感じる感覚を取り戻しておく必要があるのです。

思考に邪魔されずに感情のサインを受け取る

私たちは日常、さまざまな感情を感じています。喜び、うれしさ、楽しさ、悲しみ、怒りなど、感情を体験できるのは人間だからこそです。

それなのに、多くの人が幼いころ身近な大人から、「泣いてはいけない」「大声をあげてはダメ」「はしゃぐのは恥ずかしい」「怒るのは良くない」と、インプットされています。

感情を表現してはいけないと教育されるとその結果、感受性が鈍くなり、感情表現が苦手な大人になってしまうのです。

特に日本人は、奥ゆかしさや控え目なことを美徳とし、うれしい、楽しいという感情だけでなく、怒りや哀しみというネガティブな感情はなおさら自分の中に留めて、頑として表に出さない傾向が強いと言えます。

感情というのは、私たちの人生を良い方向に向かわせるサインです。しかし、思考の癖によって正しく働いていないために、感情も本来の役目を果たすことができていないかもしれません。

私たちの頭の中には記憶をしまっておく棚のようなものがあります。そこには起こった出来事だけが単独でしまわれてある場合と、「出来事＋そのとき湧き上がった感情」がセットになってしまわれている場合の2種類が存在しています。

たとえば、子どものころプールで溺れかけたことがある、とします。そのような体験をすると記憶の棚には「水＋恐怖」という具合に、出来事と感情が結びつけられた状態でしまわれます。

するとその後、水に入るのがこわくなってしまいます。今、目の前に危険があるわけではないのに、水がトリガーとなって、まるで今溺れかけているような恐怖感を呼び起こしてくるのです。

このような強烈な体験だけでなく、記憶としてしまわれた出来事の多くが感情とセットになっています。

人間関係で何か傷つくようなことがあったとき、その瞬間、過去に体験した出来事とその際に抱いた感情を、目の前の出来事に結びつけてしまうのです。

本来、過去の感情なのだから、「今」感じる必要はないはずです。

ところが、思考はすぐさま情報を処理しようと働きはじめ、なぜそう感じたのか、その理由を目の前に起きている事象から探そうとします。

「この人がにらんだから」「この人が嫌なことを言ったから」といった具合に、感情を正当化するために思考はフル回転します。

このような思考パターンによる自動反応で、くり返し同じ感情が湧き上がり、嫌な気分がいつまでも続きます。しかも、これはすべて無意識が行っていることで、自分では気づきにくいから厄介です。

そして最終的に「今、この人が嫌な表情をしたのは、私が何か気に触ることを言ったんだ」「あんな言い方するなんて、私は嫌われたんだ」などと、目の前の事象をジャッジすることで出来事に対する結論を出そうとします。

その結論が真実であるか否かは、思考にとってはどうでもいいことなのです。

このようなあり方を続けている限り、たとえ感情がサインをもたらしていても、思考でジャッジをしていたり、五感が鈍っていたりするために、サインを受け取れないスタイルが続きます。

自分の内側でどんな反応が起きているのか、観察ができなければ、軌道修正ができません。

思考と感情のフィルターには不要なものが詰まっていますから、それを取り除き、きれいにしてあげることが最優先です。エネルギーの流れをスムーズにする必要があるのです。

また、自分の思考がクリアになると、感情を正しく感じられるようになり、外側の刺激にいちいち反応しなくなるのです。生きるのがぐっと楽に感じられるようになるでしょう。

感情を経験していこう

先だってお伝えしたように、感情は自分が魂の意思に沿っているのかどうかを、わかりやすく教えてくれるサインです。

うれしい、安心する、ワクワクするという感情は、「自分にとってそれは正しい、進め」

ということ。「不安になる、ハラハラする」という場合は、「注意して進んだほうがいい」というメッセージだと受け止められます。

また「モヤモヤする」というのも、実は良いサインの場合もあって、次のステージへ進むヒントを魂が教えてくれているとも言えます。

「モヤモヤする」は、これで自分の人生はいいのかな、自分を活かすために何をしたらいいのかな、と考える中で、もう少しで答えが掴めそうという段階にあるときの感情です。ただ、経験したことがないからサインが示すものがわからなくて、その先に進めないといった状況が多いです。

問題なのは、感情を経験していないということです。うれしい、楽しい、悲しい、悔しい、怖い、つらいという感情のバリエーションを経験していなければ、サインが何を示しているのかわからないわけです。

本当は、**子どものうちにいろいろな感情を経験しておくことが大事**なのです。

親がその重要性を理解していて、経験の機会を子どもに与えるかどうかで、その子の人生は大きく違ってくるはずです。

私のところへ来る方々を見ていても、感情の経験が圧倒的に足りないと感じます。だから、経験によって生じる「感情を味わう」ことができていません。

彼らは、失敗をしたくない、無駄なことはしたくない、という考えから、チャレンジすることを怖がります。

そのような思考パターンは、正解を求める教育によって植えつけられているものです。それでは自分の本当にやりたいことから遠ざかってしまいます。

感情を素直に自分に落とし込めるように、経験していきましょう。

使うフレーズ次第で、現実が変わる

普段使っている言葉は、無意識を教育していることになります。

たとえば、「○○がむずかしい」と言うと、脳はむずかしい理由を見つけようとするのです。むずかしいが口癖になっていたら、あなたはむずかしいことばかり起きる人生を、自分で選び続けていることになります。

こういったときによく使われるアファメーションは、肯定的な宣言をくり返すこと

よく使っているフレーズを変えてみよう!

イライラする	▶	穏やかではない
不安	▶	安心ではない
厳しい	▶	やさしくはない
失敗する	▶	成功しない
嫌い	▶	好きではない
悪い	▶	良くない
下手	▶	上手くない

によって無意識に植えつけていくやり方なのですが、うまくいく人が多くないのは、発する言葉が自分にとって真実ではないからです。真実ではないので無意識は抵抗を感じます。「むずかしい」と思っていることを「簡単だ」と無理に思い込もうとしても逆効果なのです。

自分の望まない現実を変えたいなら、**使っている言葉を反対の表現にし、さらにそれを否定形**に変えてください。

「むずかしい」→「簡単ではない」

実際は「むずかしい」と感じていても、無意識は否定語がわからないので、「簡単ではない」と言うと、簡単なことを見つけようと働きます。

意識と無意識の間に「批判精神」という関門があります。無意識に入れるか入れないかを判断する関所のようなところです。むずかしいと感じているのに「簡単」というのは嘘になりますから、無意識の領域に入っていかないのです。

でも「簡単ではない」は自分にとっての事実を説明していますから、無意識に受け入れられます。抵抗がないのですんなり入っていくのです。そして、簡単なことを見つけてくれるのです。

このように、あなたが望む現実を作り出すために、無意識を教育することが大切です。

73ページの表にある言葉などを参考に、自分がよく使っている言葉に気づいて変換していきましょう。

直観が働きやすくなる方法

私たちの人生は、一瞬一瞬が選択の連続です。朝起きて、何をするか、何を食べるか、何を着るか、どの道をとおるか、何を買うか……。

日常のあらゆる場面の選択によって、経験することが違ってくるわけです。

その選択する場面で、あなたは「思考」と「直観」のどちらを使っていますか？　無意識に働いているのはどちらでしょうか？

よく「直観を磨こう」とか「直観を受け取る」と言いますが、自分にとっての正しい導きをもたらしているのが直観です。

直観とは魂が直接、観ていることを意味しています。あなたにとって「これが真実だ」と、魂が教えてくれているサインが無意識を通じて降りてくる。それが直観でありインスピレーションです。

ところが、たいていの人は、他人の常識や社会の価値観などをとおして物事を観ていて、自分の魂を率直に観察できていません。

直観を受け取れるようになるには条件があります。

まず、**さまざまな経験を積み、それが魂からのサインだと知っている必要がある**のです。感情の経験が必要なのと同じです。

こうなったら答えが出る、こんな感覚があったら良い答えだ、という経験が何度かあって、また次に同じ経験がくり返されて答えが出るのが早くなり、経験に基づいて瞬時にひらめきが起きるようになる。それが直観です。

つまり、魂につながった経験がなければ、正しく直観が働かないということです。経験を伴わないものは、単なる当てずっぽうです。

自分の体を使って行動し、いろいろ経験してようやく魂が教えてくれるサインがわかってきます。**自分の体感覚として情報を受け取れるようになると、さらに直観が働きやすくなる**のです。

これは私独自の考え方ですが、情報は辺りの空間に浮遊していると思っています。素粒子にあらゆる情報が備わっていて、この空間に漂っているので、どれをキャッチするかを自分で決めているわけです。

自分がその情報の周波数に合わせられなければ、受け取ることができません。ということは、一度でも高揚感を味わって「あの感覚」というのを体験していなければ、区別がつかないのです。その周波数を体験したことがなければ、感覚としてインスピレーションを受け取れないのです。

先ほどからお伝えしているように、多くの人は子どものころから冒険を避けてきて、体験が足りないのです。

魂が直観として必要な情報を教えてくれたとしても、感覚的にわからない、思考が邪魔をして気づけない、という方がほとんどだと思います。

使っていないと道具が錆びてしまうのと同じです。**今からでも自然に触れたり、美しいものを見たりする経験を積みましょう。**感受性が研ぎ澄まされてきます。

私の場合、人前で話すときは魂の意思とつながった状態です。今日は何を話そうとか、この順番で伝えようなどと、事前に考えることもなければ、くわしいプロットを用意することもいっさいありません。

「どのアプローチで伝えたら、この人は自分で気づくかな？」「この言葉で表現すると腑に落ちるかな？」という観点を意識していると、直観で伝えるべき内容がきて、すらすらと言葉が出てくるのです。同じ話をするにしても、ものの例えも相手にわかりやすいネタでその都度違います。

車の修理の仕事をしている人には、車に関連する話を持ってきますし、食に興味のある人には、食べ物を例題に持ってきます。まったく知らない業界のことでも、本人が気づけるような言葉が自然と出てくるのです。

ある意味、お任せだからできるのです。相手の意識とも深いレベルでつながっているので、あとは相手にお任せしていれば、相手は好きなものを持って帰るから、なんの心配もいらないということです。

自分の真実があの人の真実とは限らない

何が正解で何が不正解か？

何が真実で何が嘘なのか？

どう生きれば失敗がないのか？


脳はつねに答えを探し求めています。そもそも思考パターンがそうなっていて、外側の出来事に対して、自動反応しているだけなのです。

つまり、毎日を自分でコントロールしているようで、コントロールできていないということになります。

そもそも私たちの脳には一瞬一瞬で五感をとおして膨大な量の情報が送られてきます。その数、1秒間に200万ビットと言われています。

けれど、脳が1秒間に処理できる情報量は126ビットに過ぎないのだそうです。

つまり、自分のまわりで起きていることのほんのわずかな部分しか、脳は情報処理できないのです。

当然、脳は毎秒毎秒、どの情報を受け取り処理するのか、自動的に取捨選択しています。あなたはつねに、自分の脳が必要だと判断し厳選してくれた情報だけを、受け取っているわけです。

入ってきた情報に対して、「何が正解か？　何が真実か？」と答えを見つけようとしていませんか？

そうしてしまうのは、子どものころからの教育によって、脳がパターン化・習慣化しているからです。けれども、処理できる情報量が決まった中では、到底、多くのことは得られないと考えたほうがいいわけです。

脳というＶＲメガネをかけて現実を見ている限り、真実を認知することはできないのです。

自分はどんな人生を送りたいのか、どんな未来に行きたいのか。そのゴールへ自分を導いてくれる理論、法則、宗教、科学を自由に選択すればいいだけなのです。

自分の責任において選んだこと。それがあなたにとっての真実です。

これからの多様化の時代は、魂とつながっていることが何より大事なのです。流れに柔軟に乗っていくことで、自分が決めてきた目的をスピーディーに思い出し、使命を果たしていけるでしょう。

自分の軸である魂の意思の願いがわかっていれば、どんなにまわりが慌ただしく変化していっても、ぶれることはありません。その直観に従って行動していると、意図しなくても願いが叶っていくようになるのです。

エゴや情にしばられていることを知る

多くの人は、「楽をして稼げたらいい」といった発想をしがちです。でも実はその発想が、「楽をして稼げない」原因でもあるのです。

「人のことはどうでもいい」という利己的な発想、つまり意識の低い視点で行動しても、物事はうまく運んでいきません。

いかにエゴの自分を捨てられるか。自分さえ良ければという考えや損得勘定を捨てることができるか。そして「情」を手放すことが大事なのです。

日本人の発想として、情はいいことのように捉えがちですが、実際は、情によって判断すると、お互いにとっていい結果を生まないことのほうが多いのです。

一例を挙げてみましょう。

Aさんは、信用している友人から、途中解約も可能という安心な投資の話を持ちかけられ、友人を信じて100万円のお金を出しました。

その後、別にお金が必要になったので、友人に返金を申し出ました。ところが、友人から「お金はもう戻せない」と言われたのです。

もともとは自分のお金ですし、途中解約も可能ということでしたので、たとえ目減りしても戻って来ると思っていたのです。そもそも投資話がかなりグレーだったのでしょう。

何度か友人に訴えますが、「お金は戻せない」の一点張り。

第三者からは、「公の場で法的に判断してもらったらどうか」「友人には責任を取ってもらい、自腹で返金してもらっては」とアドバイスしてもらいました。

それなのにAさんが出した結論は、「これ以上、強くは言えない。その友人が板挟みになってかわいそうだから」というものでした。

これが情です。冷静に現状を見ると、Aさんの判断と態度は、誰にもプラスになっていないことがわかります。

相手を本当にかわいそうだと思うなら、Aさんは今後お金のことは一切何も言わないこと。よく調べずに友人を信じてお金を出した自分がいけなかった、高い授業料だったと受け止めて、お金はあげたものだと思うことです。それがこの場合の自己責任です。

けれど実のところ、このAさんのように、言い訳に情を使っているケースが非常に多いのではないでしょうか。

自分がしたくないことをしないための言い訳。無意識レベルで行動したくないと思っていると、動かなくていい理由を正当化するのです。

Aさんの例で言えば、お金はもう返ってこないと受け止めたら、他の手段と行動に移ればいいはずです。ところが、「あのお金が戻って来さえすれば……」と思い続けているために、いつまでも同じところに留まって動こうとしません。スパッと気持ちを切り替えて、他の行動に移ろうとしません。一歩も先に進めず、足踏み状態。多くの人が、こんなふうに情を使っているものなのです。

エゴや情というものがなくなれば、物事はうまくいくはずなのです。フラットな状態で、自分が今何をするべきかがわかります。自分はどんな立場で、どういう役目を果たすべきなのかがわかるはずです。

置かれた環境の中で、自分がどう行動したらちゃんと歯車になれるのか、ということを知るのは大事です。歯車が「我」を出していたら、物事がまわっていかないでしょう。

もし自分を主張したいのであれば、その組織やグループを飛び出して、自分が運転して歯車をまわす側になればいいのです。ところが、そこまでの覚悟がないために、誰かのせい、組織のせい、社会のせいにしている人がとても多いと感じます。

毎日の膨大な思考の中で、魂の意思がふと現れることがあります。それは本当に小ささやき声なので、気づくためには繊細さが必要です。

他の誰かの言動や外側の出来事に影響されたものではなく、なぜかこれが引っかかる、どうしても気になる、なんとなくやってみたいと思う。

この「なんとなく」にヒントがあるのです。「なんとなく気になる」というのは、無意識からのシグナルです。

逆に言えば、明確に説明のつく理由があるのは、魂の意思による働きかけではないということです。

これからの時代は、お金を稼ぐための仕事というより、自分の役目を果たすために仕事をするという発想になっていくでしょう。

思考や計算ではなく、直観に従って行動できるかどうかがポイントになります。だからこそ、思考をクリアにし、感情を受け取り、体感覚を澄ませておくことが大切なのです。

考えていることの8〜9割は昨日と同じ

過酷なストレス社会の中で、いかに健康を保つかは、すべての人の課題です。

特に情報過多の社会では、朝起きてから夜寝るまで、私たちの脳はつねにフル回転しています。

それこそ布団の中にスマホを持ち込み、眠りにつく瞬間まで、ネットにアクセスしているわけですから、脳を休めることがないわけです。

近年、グーグルをはじめとするアメリカの大手企業が、マインドフルネスを社員のリフレッシュに取り入れて効果を上げていることがメディアで紹介され、日本でも多くの企業が導入するようになっています。

空港内にメディテーションルームが作られていますし、ランチタイムの後、10分〜15分のお昼寝タイムを推奨するところも増えていると聞きます。

瞑想やマインドフルネスの流行は、現代人の多くが働き過ぎの脳を休めること、思考をストップさせることを必要としている証です。

実際、ある研究では、瞑想することによって、脳の髄液に溜まった〝ゴミ〟が排出されることが報告されています。

一言で瞑想と言っても、その方法はたくさんありますし、実は実践を続けていくことで段階があるものなのです。

たとえば、単にリラックスすることを目的とするものもあれば、「無になる」「空っぽになる」ことを目指すものまで、ピンキリです。ちなみに「無になる」のは、熟練者のレベルです。

あるデータによると、**人は1日に6〜9万回も思考していて、そのうち意識して考えているのは1〜2割程度。残りの8〜9割は無意識の思考で、大抵は昨日と同じことを考えているそうです。**

つまり、意識にのぼってこない内容がほとんどなのですね。ということは、自分で意識的に思考の解放を行える量は、わずかなものなのです。自分がまるで自覚していない思考が日々くり返され、それが現実となっているとも言えます。

しかし、裏を返せば、**もし毎日の思考の8〜9割が、魂の意思に沿った内容であれ**

ば、意図しなくても現実はうまく運んでいき、自動的に願いを果たす人生になるはずなのです。

自分が気づいていない思考の癖を、誰もが持っています。

私が自分の思考の癖に悩まされてきたことはすでにお伝えしましたが、これは非常に厄介なものです。無意識に働くのが癖ですから、自分ではなかなか気づけないのです。

「変わりたい。自分を変えたい」口ではそう言いながら、いざ行動するとなると、たちまち恐れが出てきて動けない人は多いものです。

人は今まで体験したことがないものに、不安と恐怖を覚えるもの。子どものころの経験が足りない人は、それが極端に出ます。

新たな環境へ踏み出そうとするとき、新たな人間関係を築いていくとき、これまで何百回とくり返された思考の癖が顔を出し、行動しない選択をしがちです。

やるべきことがわかっていて先送りする、見て見ぬ振りをしてしまう、できない言い訳を並べる、まだ自分には足りないと卑下する……。

こういったことは多くの方に見られる傾向です。あなたにも自覚があるとしたら、いずれも思考の癖だと気づいてください。

この世界のしくみがわかれば、あとは実践あるのみです。

第3章からのセルフワークで、実際に思考の癖をクリアにし、肉体を研ぎ澄ませ、抱いている感情を感じやすくしていきましょう。

本書のセルフワークはすべて簡単に誰でもできるもので、失敗はありません。続けることで、フォーボディーズがそれぞれの役割を果たせるようになるので、ぜひ実践してみてください。

Chapter 3

「さとり」のセルフワークで人生が変わる

Mind Clearing

Self work 1

「思考」の枠を外していく

脳は事実をありのままには観察ができない【鏡の観察ワーク】

（所要時間：5分）

私たちの思考はつねに働いていて、瞬時に見たものを判断しています。その多くが、過去の出来事や経験を基準に、目の前の物事を見ていることになります。

自分のものの見方に気づくため、簡単な観察実験をしてみましょう。

［鏡の観察ワークの方法］

① 鏡に自分の顔を写して、3～5分間、観察してください

② その後、見たこと（事実）をノートに書き出してみましょう。

どんな表現が出てきましたか？

事実をありのままに観察していましたか？

もし事実を答えていたなら、このような表現が出てくるはずです。「まぶたが二重」「顔がたまご型をしている」「頬がふっくらしている」「まつ毛が生えている」「髪を結んでいる」「ほくろがある」「肌の色が白い」など……。

しかし実際はこのような表現が出てきたのではないかと思います。「目がきつい」「顔がまるくなった」「顔色がさえない」「白髪が増えた」「覇気《はき》がない」「やつれている」「老けた」「太ってきた」「シミが増えた」「シワが気になる」など……。

表現する言葉には日ごろ、自分に対する印象が浮き彫りになってきます。

ではお聞きしますが、それは事実でしょうか？

思考を交えずに事実だけを表現するのは結構むずかしいものです。頭の中で、自分の顔と誰かの顔を比較したり、過去の自分と比較してどこが違うか、どこが変化したかを見たりしたはずです。そもそも人の脳には、何かと比較しないと物事を認識できないという特徴があるので、当然のことではあるのです。

このように、私たちは現実をありのままに見ることができていません。事実と思考

え!?
白髪あるし……
目つきが
きついなぁ
シワが気になる
太った
老けたなぁ
……
顔が丸くなった
シミが増えた

を単純に切り離せないため、〝今〟を正確に捉えることに慣れていないのです。

問題なのは、ほとんどの方は自分に対して厳しい評価をして、ネガティブな表現になることです。

また、私たちは子どものころから「良い／悪い」で評価されてきて、世の中もそれがあたりまえになっているということもあります。本来、物事に良い悪いはないはずです。

つねに先入観で現実を見ているんですね。思考のフィルターをかならずとおして目の前の物事を見ていて、何らかのジャッジをしているのです。しかも、そのことに自分はまったく気づいていないというのが問題です。

ネガティブな思考パターンになっていると、その考えがずっとくり返されてしまいます。意識的に止めない限り、脳はそれを現実だと認識してしまいます。

本当の自分が望む現実を生きたければ、自分の思考の癖に気づいて、徹底的に変える取り組みが必要になります。

自分の思考の癖に気づいて解放する【内観瞑想】

（所要時間：10分／音声ガイドあり）

自分が日々何を考えているか知らなければ、自分にとって不都合な思考の癖を治すことはできませんね。思考を観察する方法として効果的なのが、この「内観瞑想」です。

この瞑想は、**高い位置から自分の様子を俯瞰するように**、頭の中で思考を観察していきます。**思考の癖に気づいて、意識的に思考を解放することができるようになります。**

【内観瞑想の方法】

❶ リラックスして目を閉じます。

❷ ゆったりとした呼吸をくり返し、吸う息と吐く息に意識を向けましょう。

❸ 何か雑念（思考）が出たらそのあとに「……って思っているんだな」というフレー

ズをつけます。

例）「エアコンの音が気になるなぁ……って思っているんだな」
「メールの返信をしないと……って思っているんだな」
「瞑想って苦手だなぁ……って思っているんだな」
「夕飯のおかずどうしよう……って思っているんだな」

方法はたったこれだけです。シンプルですが、効果は絶大です。
実際にやってみると、次々にいろんな考えが頭に浮かんできます。それでいいのです。「このやり方でいいのかな?」と疑問が湧いたら、「このやり方でいいのかな……って思っているんだな」とつけてください。

はじめは思考を観察することが、いかに大変かということを実感するでしょう。考えちゃいけないと意識すればするほど、「またいろいろ考えているな～、集中力ない

明日の会議
出たくないなぁ
……って思って
いるんだな
明日は
晴れるかなぁ
……って思って
いるんだな
このやり方で
いいのかな
……って思って
いるんだな
プレゼン
下手だしなぁ
……って思って
いるんだな

な〜、何分経ったかな〜」と、次々に思考しますから、気づいたところで「……って思っているんだな」とつけてください。

朝起きたときは瞑想のグッドタイミングですし、寝る直前にはじめて、そのまま寝落ちしても構いません。1分でも5分でも30分でも、好きなだけやってください。

目を閉じて瞑想すると、眠くなってしまう人が結構いますが、実は**目をつむらなくてもいい**のです。ですので、いつでもどこでもできます。

ためしに、立ったまま行ってみてください。空を見ながら、お花を眺めながら……。慣れたら、お皿を洗いながら、お掃除しながら、散歩しながら、瞑想状態になれるはずです。さらに、電車に乗っているとき、仕事の休憩中など、自分の内側に簡単に入れると、いつでもどこでもできるようになります。

真面目な人ほど、やらなかったときに自分を責めてしまうので、縛りやルールを決めず、気楽に取り組んでみましょう。

頭の中で「……って思っているんだな」と言うと、一瞬だけですが思考が自分から離れます。それをくり返すと、離れる時間が長くなります。これが習慣化すると日常的になり、考え方が変わってくるのです。

そもそも人は、自分の思考すらもつねにジャッジしているものです。

一時期、ポジティブ思考が流行りましたが、うまくいかない人がほとんどでした。ネガティブ思考の癖の人が、一旦はポジティブ思考をするのだけど、またすぐにネガティブ状態に戻ってしまう自分を「ダメだ」と否定し、それを頭の中でくり返していることに、自分では気づけないからです。

客観的に気づくことがとても大事なのです。「自分はダメだ」といつもの思考パターンに陥りそうになっても、気づいた瞬間に「……って思っているんだな」とつければ客観的になれます。

「7日間チャレンジ」などと日数を決めて、集中的に実践するのもおすすめです。

この内観瞑想はほとんど努力を必要としない上に、自然と変化していくので、本人はなかなか変化に気づかなかったりします。誰か身近にフィードバックしてくれる人がいるといいですね。

人から小さな変化を指摘してもらえると、気づきや励みになって、さらに自己成長させようと思いますよね。

私の場合、目覚めている間はつねにこの状態で、いつも自分の思考を観察しています。

この俯瞰視点が育つと、まわりの出来事や人の言葉に反射的に反応してしまうこともなくなります。つねに自分自身に起きていることを、冷静に見ることができるようになり、**必要のない自己否定が減っていく**でしょう。

「意思」が大切にしているものを知る　【天国ワーク】

（所要時間：約6分／音声ガイドあり）

私は昔からいろいろなことを思考していて、この世のあらゆる矛盾を突きつめていくと、「**本当は何も存在していない**」ということに至りました。私たちはさまざまな概念で設定された世界にいるのです。

次元について説明をすると、ある一点があり、点が一定方向に並んで線になると一次元。線が集まって面になると二次元。面と面が重なって立体になると三次元。立体に時空間が加わって四次元になるとされ、その上でいろいろな計算式が成り立っています。

けれど、そもそも点は紙という面がなければ書けませんし、紙に点を書いた時点で、極めて小さいけれどもそれは面積を持ちます。

つまり点とは、「位置を表す概念」なのです。**概念ということは実在しないということです。**点という概念を人間が作り出して、つじつまを合わせただけのことでした。

いろんな数式の基準となっている点が、そもそも実在しない。ということは、概念の上に成り立っているこの宇宙というものも実在しない。ただ、**「宇宙がある」ということにしているだけのこと。**

実在しない点を、「点がある」ということにしているのと同様のことなのです。

また、すべての物質は素粒子でできていて、それは波でもあり粒でもあると言われています。

私たちの体は、陽子と中性子からなる原子核と電子の粒が無数に集まっている状態で輪郭を形作っていますが、実はその電子と原子核の間は隙間だらけです。でも、形があるように見えています。

たとえると、水蒸気の集まりである霧は離れたところからは白い雲のように、そこに存在しているみたいに見えますが、その場に行ってみると何もないですよね。それと同じです。実際は小さな粒子が集まっているだけの私たちの体も、ひとつの個体として認識して見ているわけです。

今この瞬間も、私たちの体を何十兆もの粒子が通過していると言えます。しかし、実際そのように見ることは簡単ではないですね。

このように、すべての現実は、今見えているように自分が作り出しているものです。本当は何も存在しないところに、「世界があるということにしている」ということ。

そして、**この三次元という制限のある中で、肉体を使ってどうしても体験したいこと、成し遂げたいことがあるわけですね。それが魂の目的です。**それがわかれば、あなたがこの三次元をどう生きていけばいいかのヒントになります。

[天国ワークの方法]
次の質問の答えを、思いつくまま紙に書き出してみましょう。

Q1 何も存在しないところにわざわざこの世を作り出しているあなたの「意思」は、どんな世界を成し遂げたいのでしょうか？

Q2 その理想の世界を天国とするなら、天国を実現したあなたは、何を大切にしましたか？

Q3 天国の反対が地獄なら、地獄へ行かないためにはどうしたらいいですか？そのためには何が必要ですか？

Q4 あなたが成し遂げた天国で、自分のことをどう表現しますか？
例）「私はリーダー」「私はクリエーター」「私は愛の人」「私は表現者」……）

この天国ワークで出てきた答えが、**あなたにとって大事な価値観であり、人生を歩むためのルール**なのです。

「自分はどういう世界でどう生きたいのか」を、具体的にイメージすることがとても大事なのです。

私はセミナーの中でこのワークを行うときに、その方が実現したい天国のイメージを一緒に見ていきます。これは私だけでなく、すべての人にイメージを共有する能力があります。

そして、私はその天国の世界があることを知っていて、そのイメージを相手に送ることで一人ひとりの力を引き出してイメージを湧き上がらせていきます。

粘土の例でお話ししたように、全員が集合無意識でつながっていて、イメージを共有できること、一人ひとりに思いを実現する力があることも知っていて、私には確信があるのです。

音声ガイドを使っていただければ、誘導していく私の声でトランスに入るので、意識の深いところから情報が湧き上がってきます。

このワークでイメージできる未来は、自分が本当にやりたいこと、自分が決めてきた役割なのかもしれません。

すべての人は、自分が望む未来を現実に作ることができるのです。

Q1

意思

Q2

天国を実現した
あなたは、
何を大切に
しましたか？

Q3

地獄へ行かない
ためには
どうしたら
いいですか？

Q4

成し遂げた天国で、
自分のことを
どう表現しますか？

Self work 2

「肉体」の感覚が研ぎ澄まされていく

直観を鈍らせないために自然を感じる 【五感のケア】

（所要時間：1分）

私たちの肉体に備わっている五感は、自分にとって必要なものを教えてくれる繊細なセンサーです。日ごろから五感というアンテナの感度を良くしておくことが大事です。感度が鈍ると、無意識からの情報を正しく受け取れなくなってしまいます。

そのためには、自分の中をクリアにしておくこと、エネルギーの流れるパイプをきれいにしておくことが何より大切です。**内側の振動を敏感に受け止めること、感じるという感覚を、まずは取り戻す必要がある**でしょう。

もし自分自身の内側がクリアになっていなければ、どんなに美しい聖地やパワースポットと呼ばれるエネルギーの強力な場所に身を置いても、何も感じられないし、エネルギーを受け取れないでしょう。

無意識を通じて自分の魂とつながることは、自発的に自分の中から必要な情報を引き出すことができるようになることでもあります。

自分にとって真実を知らせる感覚、正しい感覚というものは、五感をとおしてキャッチするものです。

たとえば、光って見える、いい香りがする、鳥肌が立つ、耳の奥で音が聞こえる、甘みを感じるというように……感じ方は人それぞれです。

体の感覚が鈍っていると、直観としてやってくる魂のメッセージをとらえることができません。

ストレス過多の人ほど、意識的に自分自身の五感をケアしていないと、どうしても感じにくくなってしまいます。

もちろん私も感覚が鈍らないよう、つねに意識しています。直観が働きにくくなったと感じたら、五感の感覚を取り戻すために、肉体へのアプローチを優先しています。

公園、海や山に出かけて、自然のエネルギーに触れることは、効果的なリフレッシュ法です。大地とつながり、太陽からの光をたっぷりと浴びて、心地良い感覚を味わうのがいいでしょう。

現代の暮らしは、多くの電化製品に囲まれ、つねにパソコンやスマートフォンに触れ、さまざまな電磁波の刺激を受け続けている状態です。

それらの刺激から離れ、思考をストップさせる意味でも、ゆったりと自然に触れる時間を持つことは大切です。緑に触れていると五感のすべてが活性し、全身のエネルギーの流れが整います。

また、アロマを焚いて室内に好きな香りを広げたり、お気に入りの音楽に耳を傾けてリラックス感覚を味わったりすることでも、五感が豊かになります。

自分が好きなことをしていいのです。

温泉に入る、旅行をする、神社を参拝することなど、お気に入りの場所を訪れ、エネルギーを受け取ることもおすすめです。

ちなみに私の場合は、太陽に当たるようにしています。ベランダに出て、正面から太陽を浴びたら、今度はくるっと回って背中も当たるようにしています。

清々しさ、心地良さという、自分の感覚を大切にしてください。

感覚を取り戻していく【アクティブ瞑想】

（所要時間：10分／音声ガイドあり）

私たちは日ごろ、頭の中でいろいろなことを考えていますが、自分の肉体が何を感じているのかには無頓着です。

たとえば、お腹が痛い、頭が痛いなどと、体が痛みを訴えてきたときに、その痛みに意識が行きますよね。あるいは、体操やストレッチをしたときに、腕が上がらない、肩が凝っているなどと、ようやく気づくことがあると思います。

日常的にスポーツをしている人はまだいいのですが、普通の日常生活を送っていて、体に気を配っていないと、体の感覚はどんどん鈍くなってしまうものです。

また、食事にしても、食べ物をしっかり味わうのではなく、単に空腹を満たすというだけになっている人が多いと思います。

体の感覚を取り戻すためにおすすめなのが、このアクティブ瞑想です。

体の感覚を大事にするほど、感じ方が繊細になっていきます。直観や第六感を受け取りやすくなるでしょう。

［アクティブ瞑想の方法］

❶目を閉じて、リラックスをしてください。息を鼻から吸って、口から吐く、深い呼吸を何度かくり返しましょう。

❷呼吸に意識を集中させて、息を吸うたびに肺が膨らむのを感じてください。

❸心臓の鼓動に意識を集中させてください。脈打つ鼓動とともに、血液が全身へめぐっているのを感じてください。

❹座っている場合はお尻に、立っている場合は足の裏に意識を集中させてください。自分の体重や、左右の重さの違いを感じてください。

❺手のひらに意識を集中させてください。血がめぐっているのを感じてください。左右の感覚の違いを感じてみてください。

❻首に意識を集中させてください。首が頭を支えているのを感じてください。前後左右に動くことを感じてください。

❼肩に意識を集中させてください。力が入っていることを感じてください。それがスーッと抜けていくことを感じてください。

①～⑦をくり返してください。

❽鼻から息を吸って、口から吐く、深い呼吸から自然な呼吸に戻ってきたら、目を開けましょう。

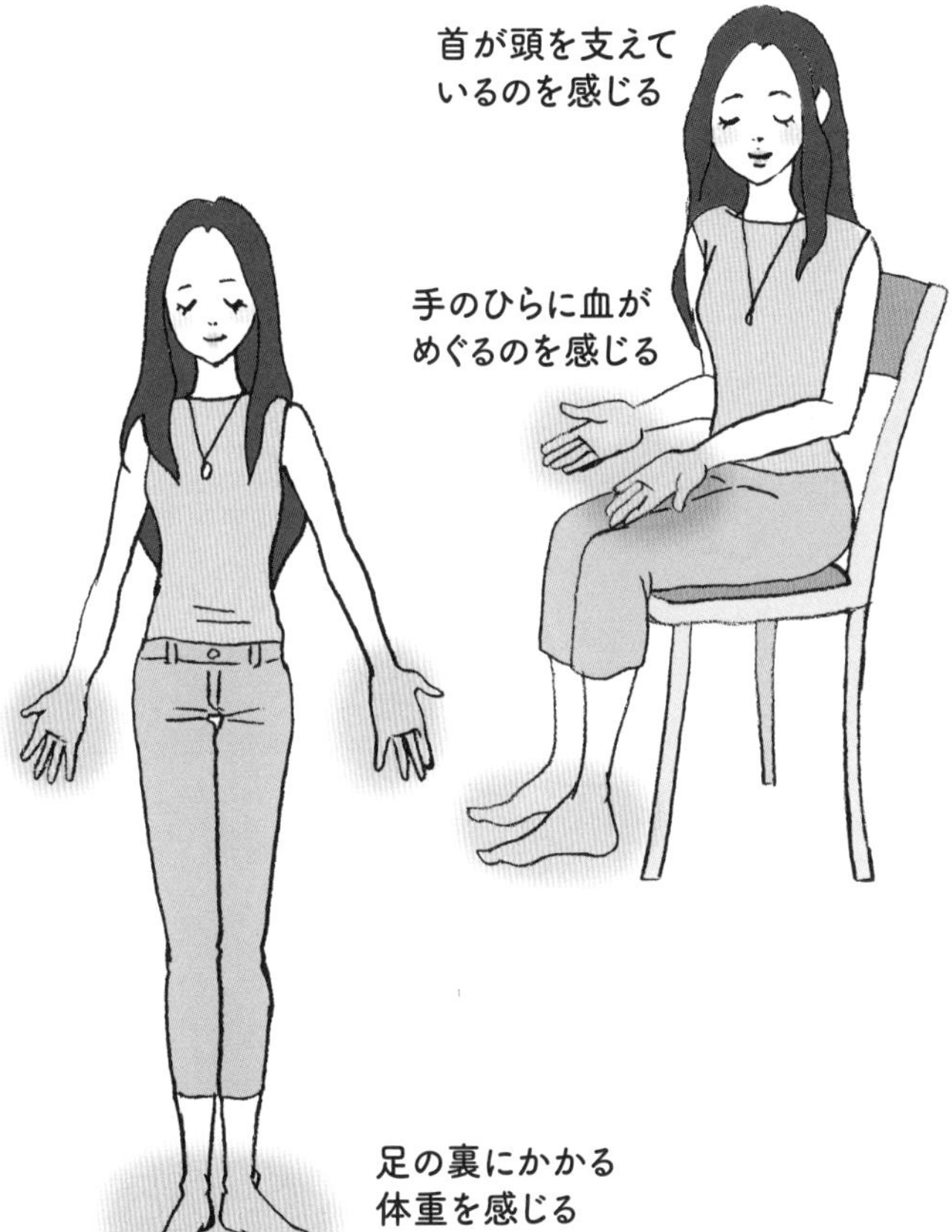
首が頭を支えて
いるのを感じる
手のひらに血が
めぐるのを感じる
足の裏にかかる
体重を感じる

食べないことで五感の感覚が鋭敏になる【ファスティング】

（所要時間：1～3日間）

感情は腸にたまるとさえ言われています。

腸は「第2の脳」とも呼ばれ、独自の神経ネットワークを持ちます。脳からの指令がなくても、独自に活動できるとても重要な器官です。

腸が周波数をキャッチするとも言われていますから、**腸をきれいにしておくことが健康につながることはもちろん、直観の働きを良くする上でも重要**です。

腸が炎症を起こすと、曲げると痛いので、曲がらないように腰の筋肉が硬くなり、腰痛を引き起こすのです。

定期的に断食やファスティングをするのは、体の内側をきれいにするという意味で、かなり効果があります。

ただし、何の知識もなくひとりで行うのは危険です。体の健康状態を見て安全に行うためには、専門家のアドバイスが必要なので、合宿で断食やファスティングが受けられる専門施設を利用するといいでしょう。今は、週末だけのファスティング合宿などもあり、専門家のもとで安全に行うことができます。

一定期間、食べ物を断つと、本来の内臓の働きが良くなり、全身のデトックスになることはもちろん、味覚や嗅覚が驚くほど繊細になり、食材そのもののおいしさを感じるようになります。今まで味わったことがないようなおいしさを感じるはずです。

また、神経が研ぎ澄まされていくので、合宿を終えて日常に戻ると、見え方、感じ方が変わっていて驚くでしょう。

食べることでも自分が食べたものが、自分の体を作ります。日々何を食べるかで、思考や感覚が変わります。

あるもので済ませるのではなく**「何を食べたい気分？」と自分の体に聞いて、そのとき欲しているものを食べる**ことがとても大切です。

食べるときは、ゆっくりと時間をかけて、味覚に意識を向けます。季節のものを食べて、おいしい、うれしいという感覚を味わいましょう。

Self work 3

今抱いている「感情」を感じやすくなる

感じ方のレベルを自覚していく【感情表現の語彙力アップ】

（所要時間：1分）

私たちの体に備わっている感覚は、微妙な周波数の違いをキャッチできる、非常に優秀なセンサーです。その時どきで感じている感情も、決して単調なものではないはずです。

ところが、感情を表現する言葉の語彙力がないと、いつも同じ感情ばかり感じていると自ら誤解してしまいます。

たとえば、怒りを感じたとします。一瞬でカーッと頭に血が上った感覚なのか、イライラが続く感覚なのかで、怒りの度合いが違うはずです。

それなのに、自動反応で「スゲー、ムカつく」と無意識に言葉を発している人は多いでしょう。

もし「激おこプンプン」という表現を知っていたら、怒りを感じるときに「スゲー、ムカつく」以外にも感情を表現することができます。

また、同じ怒りでも、細かく見ていくと感覚的な度合いが違うはずです。

弱レベルは「小怒り」、中レベルは「中怒り」というように言葉を変えて表現してみてください。

今まで「スゲー、ムカつく」しか知らないから、つねに強レベルの怒りばかり感じていたのが、別の表現を得ることで「今日は小怒りで済む」というように感情のコントロールができるようになっていくものです。

今、何を感じているか、どんな感情を感じているか、細かく見ていくことは大切です。**感情の語彙を増やすことは、自分自身を知ることにつながります。**感情の経験値も豊かになるでしょう。

いろいろな感情を細かく見ていきましょう。自分の感覚にフィットする言葉を探してみましょう。

私たちは日常でありとあらゆる感情を体験しているはずです。ところがそれを素直に表現しないで、自分の感情をないがしろにしてしまうことが少なくありません。

楽しい、うれしい、幸せというポジティブな感情は表しても、腹立たしい、憎らしい、悔しい、つらいというネガティブな感情は表に出さないように我慢してしまう人がとても多いです。

日本人は特に、奥ゆかしさを美徳とする国民性なので、感情をストレートに表現しません。I love you（アイ ラブ ユー）とハグを日常のコミュニケーションとする欧米人との大きな違いです。

感情を表さないことに慣れてしまうと、自分でも感じにくくなってしまいます。長年にわたって、内側に溜めこんできた感情が心のフィルターを詰まらせて、余計に感じにくくなっている状態です。

フィルターが詰まっていたらエネルギーが流れませんから、そのフィルターのお掃除が最優先になるわけです。

詰まりがクリアになれば、感じる力、感受力は戻ってきます。

「〜すべき」を「〜したい」に言い替える【感情解放ワーク】

（所要時間：1分）

第1章で、死にたくなる自分を責めていたとき、思考の癖に気づいたというお話をしました。実は、そのときにもうひとつ気づいたことがありました。

それは、私はつねに「こうあるべき」という思い込みに縛られて、自分で自分を苦しめていた、ということです。

私は自分なりの高い目標や理想を掲げ、精一杯やらないと気が済まない完璧主義のところがありました。

長男の嫁はこうあるべき。母親は栄養バランスのいいおいしい料理を作るべき。休みの日は、子どもたちを公園へ連れて行って遊ぶべき……。このような理想像を思い描いていたのです。

しかし、実際は体調が悪く、思いはあっても動けません。母親としての役目を何ひとつ果たせないダメ人間だ、と自分を罰していたのです。

ところがこれもやはり、あるとき声が教えてくれました。

――「～すべき」って本当なの？　誰が決めたの？

この声で「本当だ、私がそう思っているだけだった」と気づけたのです。自分が勝手に作り上げた課題。それをクリアできないことに、これまた勝手にひとりで悲しんでいただけでした。

実際、２人の子どもは、他のお母さんたちからいつもほめられていました。「どうやったらそんなにいい子に育つの？」と言われていたのに、私が自分に向ける評価だけが厳しかったのです。

「～すべき」という言葉を使っていると、**それをやらない自分はダメなんだ、とマイナスの評価**からの出発です。**たとえクリアできたとしても、評価はゼロより上には上がりません。**やってしかるべきものだと自分に課している事柄だからです。

ところが、「～すべき」を「～したい」に言い換えるとします。

すると、やりたいことがあるだけで、クリアしなければいけない課題は存在し得なくなります。

やっていない今の状態がゼロ。**もし「～したい」ことをやれたら、自分への評価が上がり、プラスになっていく**のです。

たとえその日にやれなくても、ゼロ評価が継続されるだけで、マイナスに下がることはありません。それこそ気分が全然違います。

このことに気づいて、普段から口にする言葉、頭の中で考えている言葉のすべてを、「～すべき」から「～したい」に意識的に変えるようにしました。

すると、自分を責めることがなくなって、自分に対する評価がどんどんプラスに変わっていったのです。

あなたの中にも、「～すべき」と自分に言い聞かせていることがあるはずです。感情解放ワークで、それを見つけていきましょう。

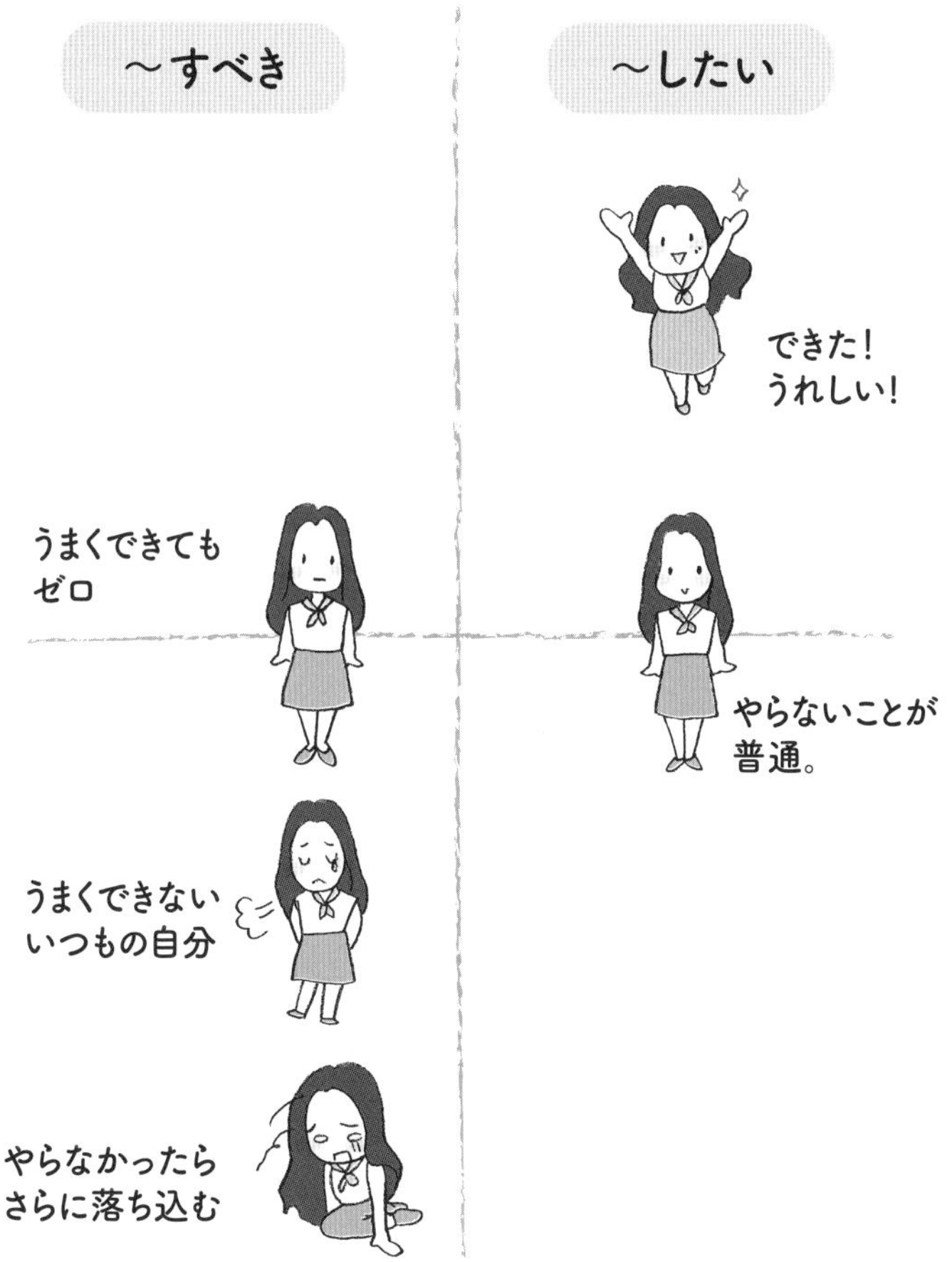
～すべき
～したい
できた！
うれしい！
うまくできても
ゼロ
やらないことが
普通。
うまくできない
いつもの自分
やらなかったら
さらに落ち込む

［感情解放ワークの方法］

❶自分自身に対して、「〜すべき」と表現していることを探します。口に出して言っている言葉、頭の中でくり返している言葉を、注意して探してみましょう。

❷気づいたときに、「〜すべき」という表現を「〜したい」と言い換えます。ノートに書き留めて、言い換えた言葉を使うように意識しましょう。

相手の立場になって考えられないときの秘策　【観点を変える】

（所要時間：1分）

人間関係において、相手の立場に立ち、思いやりを持って関わることは、円滑なコミュニケーションを図る上で大切ですね。

子どものころから私たちは、「相手の立場になって考えてみなさい」と教育されてきたはずです。ところが、うまくできない、考えられないという人は多いと思います。それは、相手のことなど受け入れたくないし、わかりたくないという思い、つまり抵抗感があるからです。だから、やらない選択をしているわけです。

自分の中で邪魔している抵抗感を外せば、悩むことなくシンプルに相手とつながることができるでしょう。

抵抗感があると感じるときは、この方法をためしてください。具体的にキャラクターを想定してみるのです。

[観点を変える方法]

たとえば、対立してしまった人がいて、解決の糸口が見つからない状態だとします。そんなときはこう考えてみましょう。

・相手が10歳だったらどう声をかけるだろう?

・もし相手が違う立場や性別だったらどう感じるだろう？

コミュニケーションの問題だった場合

・自分が10歳だったらどう言うだろう？

・自分が上司の立場だったらどう表現するだろう？

・自分が母親だったらどんな言い方になるだろう？

自分の中に抵抗感があると、気持ちの上で相手を受け入れられずに、相手の立場になって考えることができないのです。

でも、このように具体的なキャラクターをイメージして、そのキャラクターになりきってみると、抵抗がなくなります。

欠落感・不足感は魂がヒントを与えている

誰かと自分を比べて、自分には足りない、できるわけがない、などと思ったことはありませんか。

たとえば、ケーキ屋になるのが夢という人がいたとします。運良く有名なパティシエの店に勤めることができ、修行をしていますが、未熟ゆえに毎日叱られてばかり。パティシエの繊細な味覚、見た目の美しさ、センスの良さに圧倒され、自分には才能がないと感じてしまった。でも、そこであきらめてしまったら終わりですね。実はそこにヒントがあるのです。

自分に欠落していると感じる部分は、実は自分が一番欲しているところだから。興味がないことに対しては、人は何とも思わないものです。

認識できるということは、素質が自分の中にあるからです。欲しているのですが、本当はそれを持っているのです。だから、その部分を自分で引き出せばいいのですね。

魂が望むことをやっているときに湧き上がる感情は、すべてサインなのです。それをキャッチしたらエネルギーとして使っていくことです。

今の自分はまだまだ足りない、悔しいと思う。だったらその悔しさをバネにして、一流のパティシエに近づけるようにコツコツと努力を続けていけばいいのです。

クオリティの高いケーキを作れるのは、何年も地道にやってきているからこそ、です。どうしたら素材のおいしさを引き出せるのか、見た目の美しさをどうやって表現すればいいのか、パティシエの身近にいて観察し、自分でさらに研究していくことは、大変でもやりがいが感じられるはずです。

「ケーキで人々を喜ばせるという使命のために、必要な経験が与えられている」と捉えると、どんなことも学びとして吸収していけるでしょう。味覚、表現、センスを磨いて、いずれ自分の店を持ち、使命を果たして生きることになるでしょう。

ポジティブ思考が大事とか、あるがままの自分を認めることだとか、情報ばかりが頭に入っていて、本当に大切な「経験」ができていない人が多過ぎます。

悔しいと思ったら、とことん悔しがること。それはやりたい証拠ですから、あとは本気で行動につなげていくだけなのです。

欠落感・不足感を感じたら、それを得たときに自分は何ができるのか、どうしたいのかを考えてみましょう。

怒りの感情は90秒以上持続されない

ネガティブな感情を、表に出してはいけないと思い込んでいる人は多いでしょう。

実は、怒りの感情というものは、そう長く持続できません。

脳科学者ジル・ボルト・テイラー博士の研究では、怒りの感情を抱くと、脳から化学物質が放出され、頭に血がのぼり、心拍数が上がるという生理的反応が起こりますが、**だいたい90秒ほどでそれらの化学物質は血液中から消失する**のだそうです。

もし90秒を過ぎても怒りが収まらないとしたら、怒り続けることを選択しているということです。わざわざ過去の出来事を思い出し、怒りを持続していると言えます。

自分は怒りっぽいなと思う場合、日常を振り返ってみてどうですか?

あるいは日ごろはめったに怒らない人でも、何かのきっかけで、怒りが一気に爆発するということがあるのではないでしょうか?

そして、90秒どころでは収まらず、溜め込んでいたものを吐き出そうとするパターン。これってかなりのエネルギーの消耗です。

今この瞬間を生きるという生き方になると、人はそのときそのときで、感じたままを表現するのがあたりまえになります。感情は内側からやってくる魂からのサインですから、喜怒哀楽を表に出すほうが自然です。

私の場合、怒ることはほとんどないのですが、たまにあるとしたら、きっかけは食べ物のことです（苦笑）。楽しみに取っておいたものを食べられてしまって、カチンとくるのです。

「なんでママの納豆巻き食べちゃったのよ」と、思ったらその場で言います。

「ごめ～ん。許して」とすぐ娘が謝ってきて、「まぁいっか～」で終わりです（笑）。

こんなふうに**感情をその都度、小出しにして解消すればいい**わけです。

ところが多くの人は、普段、怒りを抑えこんでしまうわけですね。

納豆巻きを食べられた程度で怒るのは大人げないと、理性で我慢してぐっと押し込めます。また次も同じようなことがあって押し込めるというように、たびたび感情をごまかして、自分の中に怒りを蓄積しているわけです。

そのままでいると、何らかの許せない出来事がきっかけとなり、怒りが一気に爆発することになるのです。

「そういえばこの前のお団子のときもそうだった。その前はロールケーキ、もっと前の高級チョコも勝手に食べちゃったよね。なんでいつもそうなのよ」

こんなふうに、**怒っていい理由が見つかると、前の出来事を次々に思い出し、正当化して怒ってしまう**わけです。それ以上溜め込んでおくと体に悪いので、怒りの感情を一気に吐き出したいのです。

つまり**怒りを出すために、怒るきっかけの出来事を現実に引き寄せる**ということです。それって疲れませんか？

エネルギーを消耗しないためにも、日々ネガティブ感情は無視しないこと、受け止めて感じて解放することが大切です。日常的に納豆巻きのレベルで処理してしまいましょう。

自分の強み・自分の武器に気づくポイント

人ははじめから自分の中に、自分の人生でテーマとなるものをすべて持ってきています。けれど、多くの人は、それに気づかないか、気づいても「こんなものはたいしたことない」と過小評価しています。

「これができたらかっこいい」とか、「人に自慢できるんじゃないか」といった理由から、見当違いなものを自分の武器として磨こうとしているケースが非常に多いのです。

自分だけの光る武器、人にない強みとは、社会に提供できるものです（武器というよりも、本当は宝物というイメージです）。

それを提供することで、多くの人に喜ばれ、多くの人を豊かにできる。同時に、自分自身にも喜びが生まれて、人生を豊かにしてくれるものです。

けれども、**自分だけの光る武器といっても、それは自分にとって得てしてあたりまえで、特別なものではないので、使っていても手応えがないもの**なのですね。

武器や強みというと、「他の誰も手にしていないような、すごい才能のこと」と勘違いしてしまうのです。それは思考の癖です。

本当は過去に何か手応えがあったはずなのですが、自分で否定してしまったケースもあります。あるいは、「そんなの大したことじゃないし」と誰かに言われてしまったのかもしれません。

だから、この程度で喜んでいてはいけない、恥ずかしいと思って、感じることをやめてしまったのですね。

あなたの強みを改めて見つけてみてください。忘れていることもあるかもしれません。普段あたりまえに使っている能力かもしれません。

「言われてみれば、ちょっと得意かも」「こういうことが好きかな」くらいのことが多いのですが、人知れず自分なりに気に入っている自らの特徴だったりします。

幼いころによく見ていたアニメがあるでしょう。

そのアニメの登場人物の中で、惹かれるキャラクターは誰でしたか？　それが自分の本質のキャラクターを知るヒントになることがあります。自分の内側にある何かが共感共鳴して、惹かれるわけですね。

ドラえもんが好きな人もいれば、のび太くんが気になる人もいる、ジャイアン、スネ夫がどうも気になるというように、人それぞれ好みが分かれるはずです。

先入観もなく見ている幼いころのほうが、自分の本質的なところでキャラクターを受け入れているものです。それが、自分を知るヒントになるでしょう。

子どものころの夢は魂の願い　【振り返りワーク】

（所要時間：10分／音声ガイドあり）

人はあらゆる可能性を秘めています。子どものころは、「大人になったら○○になりたい」と、将来の夢を自由に発想するものです。

私はなりたいものがいくつもありました。

記憶にある最初は、ナースです。当時、アニメの「キャンディ・キャンディ」が流行っていたのですが、主人公のナースの仕事に興味を持って見ていました。あの装いに憧れて、ナースになりたいという子が多かったのですが、私はそこには興味はなく、ナースになったら、自分が関わった患者さんを励ましたり、癒したりしたいと思っていました。

次になりたいと思ったのは歌手です。テレビの中でキラキラしているアイドルというわけではなく、全国をまわって私の歌を直接聴いてもらい、人々に感動や喜びを与えることができる歌手をイメージしていました。

その次は舞台女優で、演技によって観客を感動させ、勇気や生きる力を与えられたらどんなにうれしいことだろうと思ったのです。

小学校高学年になると、父が大工をしていたことから、設計士を目指すようになりましたが、そのとき考えたのは、家族が仲良く、笑顔で暮らせる家を設計したい、ということでした。

こうして改めて振り返ると、私は「人を笑顔にしたい」「元気にしたい」「人の背中を押したい」と思っていたことに気づきます。子どものころになんとなくイメージしたことでしたが、自分の意思の願いを捉えていたのです。

これは誰の場合も同じです。子どものころに思い描く未来の夢というのは、漠然としたもののように見えて、実は魂の声をキャッチしたものであり、純粋な願いそのものなのです。

子ども時代にどんなことに興味があったのか、何に夢中になっていたのかをひも解くと、魂の願いを知るヒントになります。

そこで、次のワークに取り組んでみてください。

［振り返りワークの方法］

次の質問に対する答えを、ノートに書いてみてください。思い出せる限り書き出してみましょう。

Q1　子どものころに何になりたいと思っていましたか？
Q2　あなたが子どものころに習っていたのは、どんなことですか？
Q3　その習い事はどんなきっかけではじめたのですか？
Q4　その習い事のどんなところに魅力を感じていましたか？

Q5 また、途中で辞めてしまったことはありますか？
Q6 それはどんな理由で辞めたのですか？

書き出したものを自分でチェックしてみましょう。


たとえば、習い事をはじめたきっかけはどうでしょうか？

親や周囲の誰かに勧められてはじめたのか、自分がどうしてもやりたいと言ってはじめたのか、流行っているからはじめたのか、親から強制的にやらされたのか……。

それをやっているときの気持ちはどうだったでしょうか？

友達と一緒にはじめたけれど、みんなが辞めても自分だけは続けていたということはありませんでしたか？

やりたくて続けていた習い事は、大人になってからも楽しくて、別の形で続けていたりしませんか？

またそれを辞めるときは、単に嫌になって辞めたのか、怪我や故障で仕方なく辞めたのかなど、そのときの自分の中に残っていた思いが、出てくるかもしれません。

書いたものを独自のポイントで読み解いていくと、**魂レベルでやりたかったことなのかどうか、無意識的なメッセージが見えてきたりします**。

そこに魂の意思を知るヒントがあるのですね。

Chapter 4

この世界はあなたが自由に「設定」していい

あきらめなければ見えてくる成長のサイン

人の成長は、円すいのスパイラルな形状で表すことができます。下のほうの円の一周は大きく、高さは低くなっています。上に行けばいくほど、円の一周は小さくなり、高さは高くなっていきます。

1周目はほとんど高さがないので、自分が成長したという変化を感じられない人が多いです。ところが、**2週目、3周目と進むほど、高さが増しているので、変化が早くて軽やかに上昇していけます。**

これはビジネスでもスポーツでも芸術でも、すべて同じです。上に行けばいくほど変化が速いということです。

円を描くようにスパイラルを上がっていき、頂点にたどり着いたら、また次のスパイラルが現れる。そのくり返しで、人は成長し続けていけます。

何かやりたいと思っても、最初はなかなか成長を感じられないものです。

その理由は、**下のほうの大きな一周を延々と進んで、「やっと一周してきた」**と思っ

こんなにがんばっても、
私、全然成長してない……
よし！がんばるぞー！

ても見える景色にさほど違いがなく、「自分は成長していないんじゃないか」という気分になるからです。すると、「私には向いていないんだ」となってしまうのですね。

大抵の人は、スパイラルの下のほうであきらめてしまうのです。

けれども、**実際はスパイラルのスロープを一周まわって、一段上がっています。確実に成長している**のです。

あなたが受け身の学びを卒業して、自分らしく生きていくと決意しても、最初はその変化を感じられないかもしれません。「これこそ、私が生きる道」と思っても、最初は見向きもされないこともあるでしょう。

でも、自分自身を客観視できるようになると、あなたが見ている世界の小さな変化にも気づけるようになります。あきらめずに続けてみてください。

他人の成長と自分の成長を比べなくていい

学びと成長にはかならず段階があります。それは、小学校で6年間学び終えると、中学校でふたたび1年生になり、中学校で3年間学ぶと、また高校1年生からはじま

できます！
私、子どものころから
プログラミング
やっていたので……
あの人と同期なのに……
私には才能がないんだー！

るのと似ています。

人生の学びも同じなのです。仮に「悟った」と自分が思える段階に到達したら、またそこがスタートで、次のステップ、また次のステップと、学び続ける限りどこまで行っても終わりはありません。

その歩み方が人それぞれで、他人の成長と自分を比べても意味がないのです。

小学1年生が「同じ1年生なのに……」と、中学1年生に対し劣等感を持つのは馬鹿げたことだとわかるでしょう。

学びに費やした時間も違えば、達成度も違って当然。誰かと比べて、自分が劣っているなどと思うことはないわけです。

また、体験することも人それぞれに違います。

誰かをうらやむよりも、今いる環境で、目の前にやってくる自分のための課題と向き合うこと。体験を味わうことがとても大事なのです。

自分の立ち位置がどの段階かを知ることは大事ですが、他の誰かと比べたり、うらやましがったりすることは意味がないのです。たとえ入れ替わっても、あなたの学びにはならないからです。

生きている限り、人はみな変化し続けています。成長していない人はひとりもいません。その事実を理解すると、現実の見方、受け止め方が変わるでしょう。

たどり着くべきゴールを設定すると、目の前にやってくることは、自分を成長させるための課題だと受け止められますね。

嫌なこと、苦手なことを避けてとおろうとすると足踏み状態ですが、逃げずにトライすると、一歩一歩確実に成長できるものです。できた自分に自信が持てます。

自分自身を肯定できると、もっと自分のことが好きになりますし、好きになるほど、自分らしく生きられるようになるのですね。

未来のイメージを受け取れる

人の成長は目に見えない部分なので、「こんなにがんばっているのに変わらない」と思ったときが、実はあと少しで変化が現れるところまで、来ているかもしれないのです。

ワークショップ参加者の中には、人生でやろうと決めた役割がもうすぐ形になる、というときにあきらめてしまう、「これは違ったんだ」と思いを変えてしまう人がときどきいて、見ていて「もったいないなぁ」と思います。

ここで大事なのが信念の強さなのです。**自分が絶対にそれを実現したいと思っているか、その熱量があるほど、叶うまでの時間が短くなる**わけですね。

だからこそ、自分の魂の願いを知ることが、とても重要なのです。あなた自身が魂の声に耳を澄ませ、魂のミッションを果たしている未来をイメージできたら、それは実現が可能です。

私のセミナーでは、瞑想やワークをとおして、未来のイメージを受け取ることをしっかりと行っていきます。量子力学的にも「脳に認識させる」ことがポイントだからです。

魂とつながって「これが使命だ」というものが見つかると、引き寄せようと考えなくても、自然と必要なものに気づけるようになります。**すでに持っている**ことに気づけるのです。

すると、エネルギーの高い状態で、やるべきことをやり続けられるのですね。

よく「リアルにイメージできない」と言う人がいますが、それは思考の癖に左右されているからです。

「イメージしたつもり、こんな感じ」という入り方で、感覚をつかんでいけばいいのです。

未来が浮かばない、ビジョンが描けないなら、ご自身の目でいろんな風景を見たり、絵画を見たり、あるいは写真や映像を見たりして、まず情報をインプットしてみましょう。

鳥肌が立つ、ゾクゾクする、振動する、温かくなるなど、しっくりくる感覚や腑に落ちる感覚は、何かを魂が教えてくれているということ。経験することでそれはわかってきます。

魂がこの肉体を使って何を成し遂げようとしているのか。一人ひとりの中に答えがあります。それを見つけてください。

人は誰でも一瞬で変われる

人はなかなか変われない。これはニュートン力学などの古典力学上のルールであり、マクロの世界の考え方です。

一方、量子力学上のルールはそうではありません。目に見えないほどのミクロの世界の考え方では、まったく別の変化が起きうるのです。

例をあげてご説明しましょう。

コーヒー50cc、牛乳１００ccをミックスすると、**１５０ccのコーヒー牛乳**ができます。

では、材料すべての量を、それぞれ2倍にしてみます。

コーヒー１００cc、牛乳２００ccで、**３００ccのコーヒー牛乳**ができます。

先ほどの１５０ccと３００ccとでは、材料をそれぞれ2倍にしただけなので、飲み比べても味は変わりませんね。これがマクロの世界の常識的な現象です。

ところが、ミクロの世界をのぞいてみると、ユニークなことが起こります。

化学で学んだ原子のことを思い出してみてください。

陽子1個、電子1個、中性子1個で構成されるのは、**水素**です。

陽子2個、電子2個、中性子2個で構成されるのは、**ヘリウム**です。

陽子と電子と中性子を単純に2倍にしたのに、性質が変わるのです。不思議だと思いませんか？

マクロの世界は古典力学の法則で成り立つ世界で、個数が単純に増えていきます。

一方、ミクロの世界は量子力学の法則が成り立つ世界で、個数が増えると性質が変わるのです。


近年、量子力学の研究が進み、ミクロの世界が科学的に証明されるようになりましたが、実際になぜこのように性質が変わるのかは、わかっていません。

なぜこのようなお話をしたのか、と言えば、**私たち人間もこのミクロの世界の法則が当てはまる**、ということをお伝えするためでした。

私たち人間は素粒子でできているので、何かのきっかけによって性質が変わる、つまり急激な成長を遂げることが可能です。

脳がイメージすることで、細胞の周波数（エネルギー）が変わるということ。新しい自分に生まれ変わる、ということが可能なわけです。

昔は古典力学しかなかったけれど、今は量子力学があたりまえの世の中に移行していく途中です。

古典力学と量子力学の両方が存在する中に、私たちは生きているということ。ですから、自分の進化成長のために、物理性と精神性のどちらも上手に利用するのが賢いと思います。

スパイラルを上がって自分の成長を見つめるのもいいですし、一瞬で人生を変えたっていい。自分が好きなほうで成長すればいいと思います。

大切なのは、自分が生きたいように生きることなのではないでしょうか？

本をとおして私の考えをお伝えしてきましたが、別にこれだけが正解というわけではありません。この本でお伝えした内容を活かしてもいいし、無視してもいい。なりたい自分になってもいいし、ならなくてもいい。人生は自由なのです。

古典力学の法則で成り立つ世界

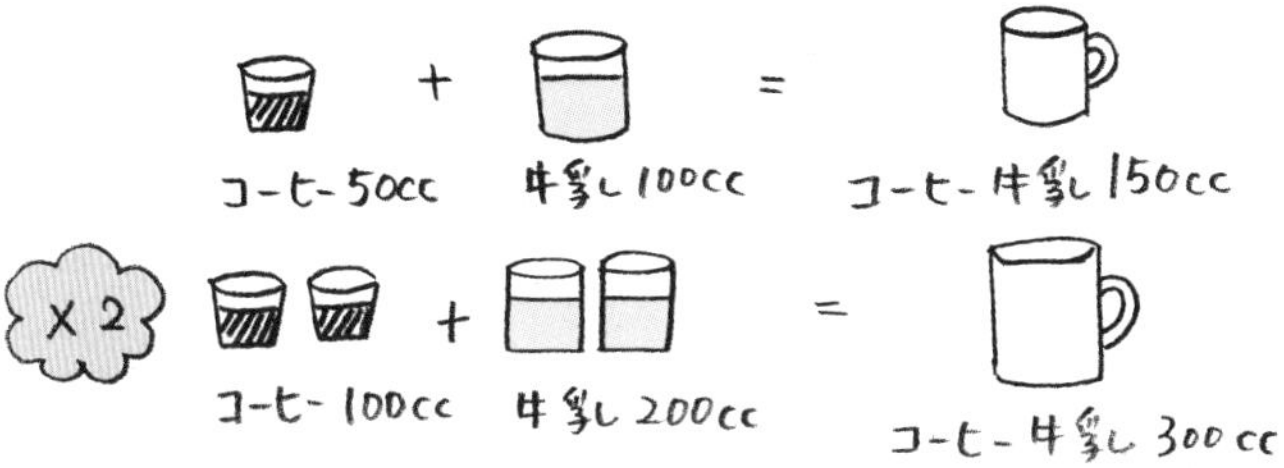

量子力学の法則が成り立つ世界

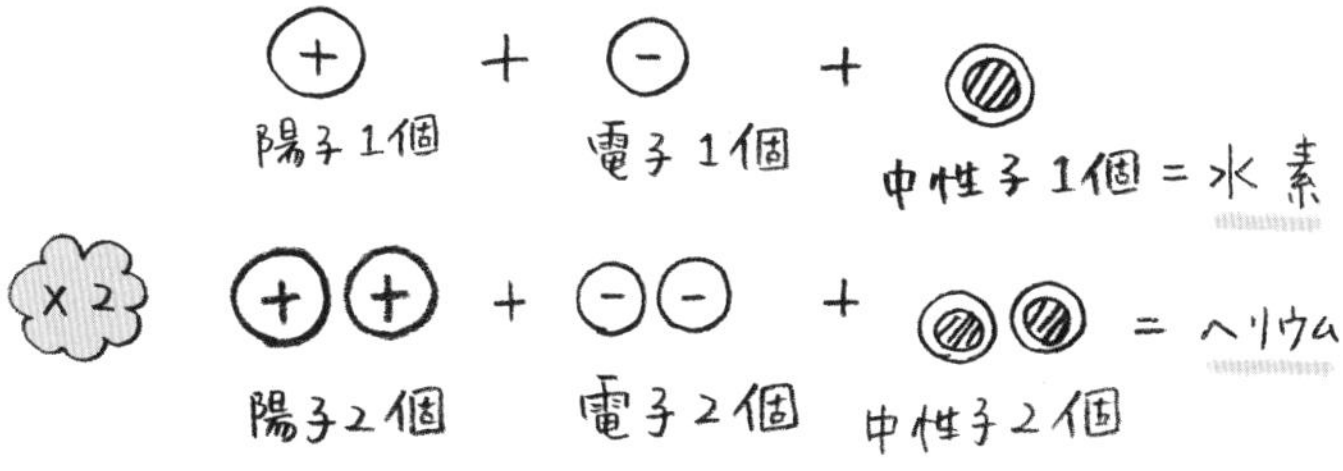

役割を果たすために必要なものは与えられる

15年前、結婚生活にピリオドを打ち、子どもと3人で暮らしはじめてから、私は自分の足で歩きはじめました。

けれどもその後、自分にとってのテーマが笑顔であることがわかったものの、まだ具体的に何をすべきか見えてこないし、日々を生きるのが精一杯という時期がありました。

当時、読んでいた『神との対話』（ニール・ドナルド・ウォルシュ著）という本の中に印象に残るフレーズがありました。

あなたの役割を果たすために、必要なものはすべて与えられる――。

唯一、この言葉が心に引っかかっていました。

あるとき、子どもたちと一緒にコンビニで買い物をして、ふと先の言葉が思い出されました。

「本当かな？　ちょっとためしてみよう！」と直観が働いて、お財布にあったなけなしのお金をすべて、レジ横の募金箱に入れてみたのです。

そのお金があれば、翌日、夕飯のおかずが買えます。それにもかかわらず、迷わずそうしたのです。

「入れちゃったなぁ」と心の中で思いながら、何が起こるのかと期待する気持ちもどこかにありました。

家に戻ると、本当に思いがけないことが起こったのです。アパートのドアの前に、大きな大根と白菜が置かれていました。

たった今、直観に従って行動したばかりなのに「本当に与えられた！」と驚きました。

あとでわかったのですが、その大根と白菜は、「近所の農家さんからいただいたけれど食べきれないから」と、友人が分けてくれたものでした。

当時の私の役割は、２人の子どもを育てること。

毎日、２人をちゃんと食べさせること、生活環境を整えること、それに加えて週に一度、学校で本の読み聞かせのボランティアができれば、充分に役割を果たせたと言える状況でした。

だから、「大根と白菜があれば子どもたちを食べさせることができる。今の自分の役割を果たすことができる」そう思いました。

次のステージに行きたければ、「お金がないから」「時間がないから」ではなく、**やれば必要なものはどんどん与えられるので、まずは何も心配なく役割をやりはじめればいい**のです。

また、こんなこともありました。

当時、私という存在を、どうやって必要としてくれる人に届ければいいか、ということで悩んでいました。

そんなある日、ぜひ受けたいと思うセミナーに出会ったのです。たまたま目に止まった情報をたどっていき、説明会でくわしい内容を聞いたとき、「これを受けたら私の人生、絶対に変わるだろうな」と直観が働きました。

参加費は１００万円。これほど高額にもかかわらず、私はやりたいと思ったらすぐに行動してしまうタイプなので、その場で申し込みをしました。

もちろん手元にそんな大金はありません。頭で考えたら、お金はないし絶対に無理だと、ストップがかかります。でも私は、直観に従って行動したわけですね。

申し込んでから「さて、どうしたものか」と思いましたが、ふとひらめいて、自分がそれまでやってきたコーチングをプログラムとして構築してみました。

そのランディングページを作成して友人に見せたところ、受けたいという申し込みをいただき、最終的にセミナーの参加費と同額のお金を、短期間で作ることができました。

そのようなプログラムを作ったのは、もちろんはじめてのことでした。

この経験から、**私は役割を果たすために必要なものをすでに持っている**、ということを知りました。


引き寄せや成功哲学の本で得た情報やメソッドを実践しても現実が変わらないと、「信じていたのにうまくいかなかった」とおっしゃる人がいます。

「信じている」という言葉は、根本的に、信じていないから出る言葉です。

人間は呼吸していることを「信じている」とは言わないですよね。あたりまえに知っているからです。

「知っている」という感覚になるには、何度もくり返し行動して、同じ結果を得るという経験が絶対に必要なのです。

あなたも何も心配なく役割をやりはじめることを何度もくり返せば「役割を果たすために必要なものをすでに持っている」ということを知ることができるでしょう。

役割を生きると現れるハードル

どんなときも「自分自身である」ということは重要なテーマです。

生まれながらの才能、特徴、個性を生かして、何をこの世で成し遂げるかは、一人ひとりが違った魂の目的を持って生まれてきているので、そこを追求することです。

誰かになろうと思わなくていいし、誰かの代わりということもないのです。

そして、自分の使命に気づかせるためのサインは、いろんな形で目の前にやってきているはずなのです。

ところがサインに気づけずに、遠まわりをしている人が多いと感じます。自分ではない誰かになろうとしたり、人をおとしめたり、闘ったりすることでエネルギーを消耗したり。それをくり返している限り、足踏み状態で前に進まないのですね。

一方、**「使命を生きる」と決めた人がいざ行動をはじめると、決まって現れてくるのがハードル**です。そのときその人に必要な形で現れてきます。

「ようやく私の道を見つけた！」

そんな前向きな思いで、勢いよくスタートした途端に、困難な出来事が起こったり、人に反対されたり、人間関係で孤立したり、「こんなはずじゃなかった」という現実が目の前にやってきます。

本当なら長い時間をかけて経験すべきところを、一気に加速していくために、凝縮して越えるべきハードル（課題）がやってくるからすぐにわかるはずです。

ハードルが出てきたということは、本質的な自分の意思が働いている証拠です。それは取り組む必要がある問題、クリアすべき課題なのです。魂の自分が、自分の成長のために用意しているのです。

それを乗り越えたならば、自信もみなぎり、セルフイメージも変わります。

その先に光り輝く世界があると知って、絶対にそこへ行きたいと思う人は、ハードルを「障害」とは捉えません。

ハードルに取り組むことで意識が広がり、新しいチャレンジができたり、必要なスキルを身につけたり、今までにないやり方をマスターできるというように、成長できると知っているのです。

ハードルは人それぞれ違います。この先で、あなたに必要なものを身につけさせるために現れることが多いです。

多くの人は今までの思考パターンで、ハードルを「障害」と捉えて、避けようとします。すると、どうなると思いますか?

「低いハードルじゃ全然気づかないのか。仕方ないなぁ」と、次には越えるのがもっとむずかしいハードルがやってくるのです。

だまされて借金を背負ったり、会社をクビになったり、事故や病気になったりと、人生を左右するようなハードルもたくさん送られてきます。

今までやり残している課題に取り組み、ハードルを越えることがマストなのです。ハードルは低いうちに越えてしまったほうが、楽に進めるはず。行動することを怖がらずに進みましょう。

脳はリアルとイメージを区別できない

人は自分がやろうとすると、たいがいうまくいかないことを脳が想像します。あるいは、はじめてのことなら余計に恐れが先に立ち、自分にはできっこないと、ブレーキが働いてしまいます。

今までの経験が少ない人、行動してこなかった人ほど、失敗を恐れます。実現したことがなければ、自分が成功した姿をありありと思い描くことは簡単ではないのですね。

そういう場合は、別のアプローチの方法があります。

自分でやらなくていいので、仮にそれを行動した人がいたとしたら、どんな世界になるかを想像してみてほしいのです。

誰かが最高の世界を作り上げているとしたら、それはどんな未来でしょうか?

自分にはむずかしいと思うことでも、誰かが行動してくれると仮定すると、ちゃんとポジティブにイメージすることができるはずです。

私たちの脳は、リアル(現実)とイメージ(想像)との区別がつきません。頭の中でイメージできたことは、現実に体験したことと同じ認識になるのです。

それは、たとえイメージ上で成功しているのが自分でなくても、関係ありません。イメージができただけで、自分の経験値として無意識に落とし込むことができます。

その結果、**意識的に「できない」と思っていても、いつの間にか行動が変わりはじめる**のです。

しばらくしてあるとき、「あれ? 以前の自分だったらこんなことしなかったなぁ」というように、変化している自分に気づきます。

頭の中でイメージできたことは実現可能です。それが量子力学の世界で証明されています。ですから、先にイメージすることが重要なのです。

脳がイメージを認識すると、現実化しようと無意識が働きはじめます。それが肉体をとおした行動につながっていくのです。

私の講座では「未来を先取りすること」を大事にしています。つまりハードルをクリアしていった先のビジョンを見て、そこへゴールを設定します。

このイメージを使って、自分の枠を飛び越えることができたケースを次にご紹介しましょう。

思考がクリアになり、自由に生きはじめた女性

幼少期に親から受けた影響が人格のベースを作り、人生のパターンの基盤となります。そのため、母親の言いつけを守り、良い子を演じてきた人ほど、自分というパーソナリティを確立しないまま大人になり、息苦しさを感じているものです。

私のセミナーに参加されたある女性のケースです。

彼女は母親から厳しく育てられ、「これをしたい」「あれが欲しい」と言えなかったり、嫌なことを「嫌だ」と言えなかったりと、子どものころから自由を感じたことがなかったと話してくれました。

つねに母親の顔色をうかがって育ち、大人になってからも、その呪縛から逃れられず、窮屈な人生を送っていました。

日常のことでもそれは同様で、自分で洋服を買うことにすら後ろめたさを感じていて、好きな服を着ることに抵抗があったそうです。自己肯定感が低く、自分なんかが明るい色や華やかな服を着てはいけない、という思い込みもありました。

このような、人生に有用ではない思考パターンや観念を壊すことは、容易ではありません。

そんな彼女に、私の買い物につき合ってもらう機会がありました。

それは、彼女にとって目からウロコの体験だらけだったようです。私はいったいどれだけ自由だったのでしょうか（苦笑）。

翌日、「生まれてはじめてひとりでお店に入って、本当に好きな洋服を買うことができた」と報告してくれました。

他にもこんなことがありました。

一緒にランチをしたとき、彼女はトマトが入ったカレーを注文しました。

だけど、トマトを食べる様子が一向にないので、「トマト食べないの？」と聞いてみると、実はトマトが嫌いなのだとか。

私はトマトが好きなので「じゃあ、もらうね」と言うと、彼女は驚いた顔をしたのです。トマトが嫌いだと言うと、馬鹿にされるのではないかと思っていたのに、馬鹿にされるどころか自分が嫌いなものを喜んで食べてくれる、そんな体験をしたことがなかったからでした。

彼女の話を聞くと、一事が万事で友人に対して余計なことを言って嫌われてしまうのではないか、職場でもまわりの人に迷惑をかけるのではないかと、つねに気を使ってばかりの人生でした。

あらゆるものには表と裏がありますが、どちらが良いとか悪いということはありません。どちらかを選んでいるだけのことなのです。

そのことに気づいた彼女はこう思ったそうです。

「今までは**好きなことをやらない世界**にいたけれど、じゃあ、反対の**好きなことをやる世界**にいる自分って、どんな自分だろう？」

食べる世界 or 食べない世界、言う世界 or 言わない世界、我慢する世界 or 我慢しない世界、というように、あらゆる場面において頭の中で想像しはじめました。

お伝えしたように、脳は現実とイメージ（想像）の区別がつきません。彼女の中でくり返し、今までの自分とは正反対の世界を想像していくうちに、無意識領域に「できている自分」の姿が蓄積されていきました。

瞑想を続けたことも功を奏し、彼女の思考自体が変わっていきました。

他の人の意見に左右されブレブレだった人が、今まで恐れてできなかった行動も自然とできるようになりました。

自分のものの見方をちょっとずらして、違う世界があるのだとわかれば、ガラリと人生をシフトすることができるのです。

この世界を好きなように設定しよう

本気で人生を変えたい、自分が変わりたいという方が、私のセミナーに参加されます。その方々の期待に応えるために、私ももちろん本気で向き合います。

「この人はここをついたら自分の殻を破れるだろうな」と思うと、そこをストレートに伝えていきます。

その姿勢に対して「嫌われたりしないのか」と聞かれることがあります。

私は、嫌われようが憎まれようが、正直全然気になりません。

私の目的は、参加者の人生を変えることですから、そのために必要なことはお伝えしていきます。たとえ、その人が私を嫌いになっても、それは相手の気持ちであり、私がその人を好きな気持ちに、何の影響もないのです。

相手は自分のフィルターをとおして、見たいように見ているだけで、私の真実を見ているわけではありません。

人は自分の内側を映し出す鏡ですから、私をとおしてその部分を見ているということ。「私からそのことを引き出したいんだな」とわかるので、私は役割を果たしているだけなのです。

一人ひとりの中にすべてのものがあって、それを表現できる状態になれば、どの人も自分の思いどおりの人生を生きることができるのです。そのイキイキとした姿を見ると、私はとても幸せなのです。

「私は愛で生きる。私が選ぶことはすべて愛」

あるとき、私はそのように**自分で設定**をしました。そして自分の無意識にそれをくり返し言い聞かせてきました。ですから、**どんなときも自動反応で愛を選択している**のです。

実は愛にはステップがあるのです。それを知らないと上を目指せないですよね。

私はステップが見えたので、学年を上がっていくように、愛を学びながら進化していくことを決めたのです。

意識ではわからなくても、そのときそのときで、絶対に愛を選択すると設定して、今も学びながらそのプロセスを生きているのです。

どんなときも自分が愛を表現し続け、出会う人をサポートし、私は私の役割を果たしています。

誰もがこの世界を自分で設定しているのです。**その設定は自由に変えられる**から、次のステージに行きたいのなら、本気で自分の人生に向き合ってみてください。

やりたいことはすでに知っている

私は子どもたちに「心から惹かれること、やりたいと思うことをやりなさい。あなたたちが情熱を傾けてやりたいことをやりなさい」とつねづね伝えてきました。

息子と娘には、自分の望みどおりの人生はすでにあって、それを自分で伸ばしていく生き方ができると伝えたかったのです。

それゆえ、2人には私自身の背中を見せて、自分で自分を幸せにする生き方を教えてきたつもりです。

息子は幼いころから、とにかく生き物が大好きで、動物、魚、昆虫、植物と興味を持ち、その情熱はずっと冷めることなく育ってきました。

高校3年生で進路を決めるにあたり、「ペンギンの飼育員になりたい」という思いから、自分が望む内容の海洋生物について学べる大学を選択したのです。

娘も、自分が一番やりたいと思っていた、演劇の道に進みました。

成人した息子と娘が、自分の意思で選んだ好きな世界へ進み、イキイキとしている姿を見ると、親としての役目を果たせたかなとしみじみ思います。

自分が心の底から何をしたいのか、誰もが知っています。いつからでも取り組みたいときにはじめればいいのです。

使命を追い求めていると、「自分には何ができるんだろう」と、自分探しや使命探しをしてしまいます。どこかに自分がすべき何かが落ちているのではないか、と期待しているのでしょうが、使命とはそういうものではありません。

やりたいことはすでに知っているはずです。今の生活の中にもうあります。みんな使命をすでに生きていると思っていないのですが、もう生きています。

思考をクリアにし、感情のサインに耳を傾けると、「なんだ、あるのか」と気づくでしょう。

今の人間関係がすべてではない

私にとって2人の子どもは、つねに人生を導いてくれる師匠でした。それは今も変わりません。

私の命を救ってくれて、私の人生のテーマ、持って生まれてきた使命が「スマイル・笑顔」であることを思い出させてくれました。笑顔がどんなにパワフルなものか、どれほど人を動かす力になるのかを、彼らが教えてくれたのです。

彼らがまだ7歳と5歳だったあの当時に、もし今の私が戻れるのなら、力一杯抱きしめます。その小さな体で受け止めていた不安や恐れを、癒してあげられたでしょう。そして、あなたたちをどれほど愛しているかを伝えるでしょう。

いつだったか、彼らは私を支えるために生まれてきてくれたんだと、確信した瞬間がありました。

小学校3年生のころ、空を見上げて「お父さん、お母さん」と心の中で呼びかけていることがありました。実際の両親がいるにもかかわらず、なぜか漠然と自分の本当の親は天にいるというイメージを抱いていたのです。子どもながらに不思議に思っていました。

また、高学年になったころ、やはり天に向かって「私にここで何をしろと言うの？」と訴えていたことがありました。

そして、これは大人になってからですが、「こんな大きな役割をなんで私にさせるの？」と思うことがありました。「お父さんとお母さんはどうして、私にこんな大きな役割を担わせて、ここへ送り込んだの？　その理由を教えて」という気持ちでした。

最近になって、その疑問がすべて解けたのです。

以前から、私の両側に娘と息子がいて、三人で食卓を囲んでいると、漠然と「お父さんとお母さんみたいだな」と思っていたのですが、本当に最近、それが確信に変わったのです。

あるとき、「あっ、いたんだ！」と思いました。

困難な役割を私ひとりに担わせたわけじゃなくて、お父さんとお母さんはちゃんと来てくれていたんだ……、と一瞬にしてすべて腑に落ちたのです。

家族になる魂は、ソウルファミリーとして、役割を変えて何度も一緒に人生を送っていると言われていますから、私たちも今世だけの絆ではないのでしょう。

私の天命を教えてくれた息子と娘。

より多くの人々を笑顔にするために命を使うと、そうやってミッションに生きることが、私の命を救ってくれた彼らへの恩返しになると信じています。

役割を果たすと感じる「至福」

私はこれまで多くの方のコーチングをさせていただきましたが、「変わりたい」と言いながら変わろうとしないパターンをくり返し、自分の役割になかなか気づけない方、ぼんやりとした人生を送ってしまう方が多いと感じていました。

やりたいことがあるけれど、もしこれが正解じゃなかったら、費やした時間が無駄になる、かけたお金が無駄になるという思考が働いて、やりたいことに飛び込めない人は少なくありません。

失敗したくないからと、つねに正解を追い続けている人もいます。

物事が正解か不正解か、本当はどうでもいいのです。

これからは**「やって良かった」**というシンプルさが基準です。

それは**至福**です。多くの人が至福を経験したことがないから、それがいかなるものか知らないのです。

もしかすると、その役割に携わっているときには、楽しいとかワクワクなど感じる余裕はないかもしれません。**でも乗り越えてみれば毎回「ああ、やって良かった」と思えることが重要**なのです。

そもそも「楽しい」「おもしろい」と感じていたとしても、思考や感情のゴミがあるうちは偽物の感情なので、センサーにはなりません。

カラオケに行って楽しい、飲み会がおもしろい、といった娯楽的な楽しさです。

当然ですが、そういう楽しさを否定しているわけではありません。人生には必要です。

ですが、魂の目的と役割という観点では、それは違いますね。

自分が創造主でコントロール権を握っていると知った上で、この先をどう生きるかは、あなた自身の選択になります。

今までの慣れ親しんだあり方でも、この本でお伝えしてきたあり方でも、どちらを選択してもかまいません。

なぜなら、私たちには**自由意思がある**からです。

私が絶対にこっちがいいと言って、無理やり新しい世界に連れて行けるわけではありません。今は決められないと、魂の目的を辞退してもいいのです。

何もないところに、一人ひとりが見たい世界を作り出しているのですから、あなたがどんな世界で生きたいのかを見きわめればいいだけなのです。

もしやるからには、「やって良かった」という至福を感じられる毎日になればいいな、と思います。

本書が、その自由を考えるきっかけとなってくれればと、思います。

Epilogue

立ち上がるタイミングも、あなた次第

人間には、成長するために必要な問題を乗り越えられるようになりたい、という願望があります。だから、ハイハイしていた赤ちゃんは、転びながら、痛い思いをしながらも立ち上がろうとする、歩き出そうとするのです。

ですが、赤ちゃんと違って、大人の前に現れる問題は複雑さが増しています。すると、越えるためのステップや手段がわからなくて、あきらめてしまうこともあるかと思います。

私はその判断を責めることはしません。世の中、どちらが正しくて、どちらが間違いということはありません。使命の道を選択してもいいし、しなくてもいいのです。どちらも正しいし、どちらでもいいということ。

あなたが成長してもいいし、今の場所に留まっていても、どちらでもいいのです。魂の目的に対し、あなたが今回の、このたったひとつの人生で完璧に応える必要なんてありません。私たちは人間です。怖ければ進みたくないし、やりたくないこともあると思います。

だから、問題が来たらかならず立ち向かわなくてはいけない！　なんてことは言いません。

成長したくなったときに、立ち上がればいい。それは、赤ちゃんのときと同じです。自分のタイミングで、立ち上がってください。

くり返しになりますが、私の魂の目的は「人を笑顔にすること。笑顔で人を幸せにすること」です。

今は多様性の時代で、働き方も生き方も人それぞれ、自分にあったスタイルがあります。大きな組織に属していれば安心ということでもなく、一人ひとりが自分の使命を生きて、納得しながら幸せな人生を送れたらいいなと思います。

相当数の人が魂の目的を達成し、笑顔の人が増えていったら、それは社会を平和にしていくでしょう。やがては世界の平和につながるでしょう。

私の生きている時代に実現するのは無理でも、子どもか孫の時代には、それが叶うかもしれません。そんなイメージが一気に膨らみました。

笑顔で自分の使命を生きる人を増やし、少しでも世界を良くしたいと思うのです。私の考えに共感してくれる人と一緒に、世界へ笑顔の輪を広げていきたいと思うのです。

そのビジョンの実現に向けて、大きな決断をしたのが今年のはじめのことです。覚悟を決めて、私自身で運命の輪を廻しました。その途端、現実のいろいろなことが加速して動きはじめました。本書の出版もそのひとつです。

およそ一年かけて本書を執筆しました。まだまだ書ききれない、いつ終わりにしたらいいのかわからない、そんな印象です。

もし目の前に、自分の本当の願いを知りたい、魂の目的を達成するために生きたい、とおっしゃる方がいたら、私はどんなことでもするという覚悟を決めています。

人が成長していく姿を見るときが、私は一番幸せを感じます。その喜びの体験が増えることは、私が自身の役割を果たしていることになるのです。

気が向いたときにでもこの本のセルフワークを続けていると、あなたが使命への道を歩み出すベストなタイミングもわかると思います。避けることをやめて「やってみようかな」と感じるはずだからです。

どんな形でもいいので、そのときには喜びに満ちた未来へ、勇気を持って一歩踏み出してみてください。その結果、また立ち止まりたくなったら、それでもいいと思います。

あなたの人生はすでに燦然と輝いています。角度を変えて見るだけ。人生はおもしろく、奇妙でイラつき、感動的で、すばらしいものです。

人生というこのゲームを、あなたなりにぜひ楽しんでみてください。

最後までおつき合いいただき、ありがとうございます。

令和2年9月吉日

石井光枝

石井 光枝 Mitsue Ishii

株式会社Earth space 代表取締役。

ライフコーチ、メンタルケアカウンセラー、NLPマスタープラクティショナー、臨床催眠プラクティショナー、MER®プラクティショナー。

シングルマザーとして子どもとの時間を優先しつつ自宅ではじめた、『引き寄せは科学だ！ ウェビナー』が人気を呼び、その後、全国各地で会場セミナーを開催。活動開始からわずか１年で年商は４倍になる。これまで1000人以上の悩みを解決し、彼らがライフステージをステップアップさせるのをサポートしてきた。

特に、量子力学を取り入れた、「見えない力を科学にし、人生を再構築すること」をテーマにした講座が人気を博している。

その活動の中で、何を学んでも成長しない人には、成長を邪魔する“思考の癖”があることに気づき、「すべての人に自分の思いどおりに生きて欲しい！」という願いから『知的スポーツ』を開発。『知的スポーツ倶楽部』を主宰。成功を邪魔する思考の癖を、楽しみながら気づかせ、目標達成に必要な思考の癖を身につけるワークを実践させることで、自由に生きはじめているクライアントから強い支持を受けている。

最近は、成功する思考の癖をインストールしてしまうことから「話しているだけでスッキリする」「元気がでる」と評判で、普通の主婦から既に成功している起業家までファンが多い。日本全国だけでなく海外でも活躍し、多忙な日々を送っている。

なりたい自分に一瞬で変わる
思考クリアリング

2020年11月27日　第一版　第一刷
2021年 1 月 8 日　　　　第二刷

著　　者　石井光枝

発 行 人　西 宏祐
発 行 所　株式会社ビオ・マガジン
〒141-0031
東京都品川区西五反田8-11-21 五反田TRビル1F
TEL:03-5436-9204　FAX:03-5436-9209
http://biomagazine.co.jp/

編　　集　有園智美
編集協力　中野洋子
デ ザ イ ン　堀江侑司
イ ラ ス ト　土屋和泉
D　T　P　大内かなえ
印刷・製本　株式会社シナノパブリッシングプレス

ISBN978-4-86588-087-8　C0095